KB214588

부활 논쟁 요약

부활 논쟁 요약

초판 1쇄 발행 ǀ 2025년 4월 1일

지 은 이 ǀ 김영한
펴 낸 이 ǀ 이한민
펴 낸 곳 ǀ 아르카

등록번호 ǀ 제307-2017-18호
등록일자 ǀ 2017년 3월 22일
주   소 ǀ 서울 성북구 숭인로2길 61 길음동부센트레빌 106-1805
전   화 ǀ 010-9510-7383
이 메 일 ǀ arca_pub@naver.com

홈페이지 ǀ www.arca.kr
블 로 그 ǀ arca_pub.blog.me
페이스북 ǀ fb.me/ARCApulishing

책   값 ǀ 뒤표지에 있습니다
I S B N ǀ 979-11-89393-41-0 03230

아르카ARCA는 기독출판사이며 방주ARK의 라틴어입니다(창 6:15).
네가 만들 방주는 이러하니 … 새가 그 종류대로, 가축이 그 종류대로,
땅에 기는 모든 것이 그 종류대로 각기 둘씩 네게로 나아오리니 그 생명을 보존하게 하라 _창 6:15,20

김영한
논쟁 요약
시리즈 1

부활 필독서 30권
주제별 정리

Revival Debate

부활 논쟁 요약

김영한 지음

아르카

신학교 교수인 저의 눈에 뜨인 김영한 목사의 활동 중 하나
는 기독교의 뜨거운 이슈들에 대해 수십 권씩 책을 읽고 강
의하거나 그 내용을 공유하는 것입니다. 부활 논쟁에 대해
그가 쓴 글들을 보았는데, 철학자들뿐 아니라 신학자들조차
부활 신앙을 이상하게 해설하고 있어서 회의(懷疑)의 안개
가 짙은 이 시점에서, 이처럼 성경적인 부활 신앙을 다시 정
립할 수 있도록 수고해준 것에 대해 감사드립니다. 더구나
이 책은 현장에서 발로 뛰는 사역자가 늘 대면하는 이 세대
젊은이들의 수준에서 부활 신앙을 정리한 것입니다. 따라서

교회 안의 젊은이들과 지성적인 그리스도인들에게 본서를 적극 추천하는 바입니다. 부활에 대해 의심하거나 궁금해하는 모든 이들에게, 부활 논쟁의 틈바구니에서 갈 길을 찾는 이들에게 도움이 될 것이기 때문입니다.

_이상웅 교수, 총신대학교 신학대학원 조직신학

언제나 '본질'이 핵심이다. 예를 들면 팥빵의 본질은 팥이다. 마찬가지다. 기독교 신앙의 본질은 '예수 그리스도의 부활'이다. 그리스도께서 처절히 채찍질 맞고 십자가 위에서 끔찍한 고통을 견디다가 결국 죽어 무덤에 들어간 후, 끝내 무덤 밖을 나오지 못하고 시체로 무기력하게 남아 있었다면, 더 이상 기독교는 없다. 하지만 기독교가 존재하는 이유는 그리스도의 생생한 부활 때문이다. 부지런한 목회자 김영한 목사님의 『부활 논쟁 요약』은 기독교 신앙의 핵심 본질인 그리스도의 부활에 대해 다각도로 변증하는 책이다. 이미 그리스도의 부활을 믿는 분들은 이 책을 통해 그 믿음이 더욱 더 군건해질 것이고, 아직 그리스도의 부활을 믿지 않는 분들은 이 책을 통해 믿음의 폭과 너비와 깊이가 새롭게 자라게 될 줄 믿는다. _박재은 교수, 총신대학교 신학과, 섬김리더교육원 신학적 탐구를 하는 독서가이자 저자이며 연합사역의 리더인 김영한 목사가 '논쟁 요약'이라는 장을 열고, 그 첫 번째로 이 책을 내놓았다. 예수 그리스도의 부활과 부활 신앙은 역사의 기억 속에 새겨져 멈춰진 경험이 아니다. 교회의 현재적 사역과 미래적 소망의 중심이다. 부활은 명백한 사실이며, 진실이며 진리이다. 그런데도 논쟁 정리의 장을 통해 이 책이 쓰인 이유는, '부활을 부인하고 다르게 생각하는 사람들을 향해 부활을 증거해내야 할' 성도들에게 힘을 실어주기 위해서다. 논쟁의 장에서 물러서지 않고, 철학적, 신학적, 성경적 진술과 자료들을 가지고, 치열하고 당당히 싸워내게 할 응원이다. 이 책은 김영한 목사의 철학적인 통찰과 신학적인 단단함, 그리고 신앙적인 따스함이 어우러져 만들어낸 결과물이다. 철저하게 논리적이지만 그래서 더욱 부드럽고, 더욱 깊게 들어가고 싶은 동력을 제공하는 이 책이 행복한 이유이다. _조성권 교수, 순복음총회신학교, 좋은교회 담임

현대 사회에서는 날이 갈수록 부활을 회의적으로 보는 사람이 많아지고 있습니다. 어떤 사람은 부활을 신화처럼 치부하고, 세상은 부활의 흔적을 지우려 합니다. 이러한 시대적

흐름 속에서 부활을 선명하게 외치는 이 책이 출간되어 얼마나 기쁜지 모릅니다. 이 책은 부활에 대한 연구와 논증을 통해 성도들이 부활을 확신하도록 돕습니다. 부활을 둘러싼 다양한 논쟁과 반론을 철학적 · 신학적 · 역사적 관점에서 분석하며, 부활이 단순한 종교적 신념이 아니라 역사적 사실임을 논리적으로 증명합니다. 특히 부활을 부정하는 철학과 자유주의 신학의 주장들을 정리하고, 이에 대한 반박을 체계적으로 제시합니다. 초대교회 성도들이 부활을 목격한 증인으로서 생명을 걸고 복음을 전했던 것처럼, 우리 역시 부활을 더 분명히 변증해야 할 책임이 있습니다. 이 책을 통해 부활을 확신하고, 복음을 담대히 증거하는 증인들이 더욱 많아지기를 기대합니다. _**주경훈**, 오륜교회 담임목사

저는 책을 볼 때 저자를 먼저 살피고, 신뢰가 가는 저자의 책은 다 구입해 읽는 편입니다. 김영한 목사의 책은 그런 가치가 있습니다. 그는 부활의 증인으로 부족함이 없는 목회자입니다. 성육신적인 마음으로 삶을 살아내는 목회자이기 때문입니다. 끊임없이 진리를 탐구합니다. 그 진리를 살아내고자 씨름합니다. 그런 까닭에 김영한 목사의 책은 단순한 지

식의 나열이 아닌 신앙과 삶의 고백입니다. 신학생과 목회자라면 이 책을 꼭 읽어 보시기를 권합니다. 신학과 철학에서 뜨거웠던 부활 논쟁을 다루고, 부활에 대한 역사적 흐름을 다양한 측면에서 조명하기 때문입니다. 무엇보다 성경에 나타난 증거로 부활을 논증하고 변증하는 내용은 너무나 실제적이고 구체적입니다. 이 책은 부활에 대한 심도깊은 이해와 깨달음을 통해 부활의 진리를 선명하게 증거하도록 도울 것입니다. 예수님의 죽으심과 부활에 대해 알려주고 싶은 소중한 분들에게는 최고의 선물이 될 것입니다.

_**이상갑 목사**, 산본교회 담임목사, 청년사역연구소장

초대교회 때는 입만 열면 부활을 말했습니다. 부활은 그들이 전한 메시지의 하나가 아니라 메시지의 전부였습니다. 지금도 우리가 믿는 기독교 신앙의 중심입니다. 이런 부활이 논란의 대상이 될 것은 당연합니다. 김영한 목사는 이 책에서 부활에 대해 지금까지 어떤 논란이 있었는지 짚은 다음, 그 모든 논란에도 불구하고 부활이 명명백백한 역사적 사실일 수밖에 없음을 설파합니다. 신학과 철학의 역사적 흐름은 물론이고 외경과 위경까지 망라한 그의 해박함이 마

냥 부럽습니다. 게다가 그런 방대한 내용의 핵심을 제대로
짚어냈습니다. 지금까지 있었던 부활에 대한 모든 논란을
충분히 잠재울 만한 책이 나왔다는 사실에, 기쁜 마음으로
추천합니다. 이제 부활에 대한 다른 얘기는 더 이상 없겠다
싶습니다.

_강학종 목사, 하늘교회, 『딸 바보 예수 바보』 저자

예수님의 부활과 내 삶은 어떤 연관이 있을까? 많은 신자들
이 이 질문에 머뭇거린다. 십자가의 죽음의 의미는 잘 알겠
다. 설교도 많이 들었다. 다른 사람에게 설명도 오래 할 수
있다. 그런데 부활은 그렇지 않다. 초대교회 교부 시절부터
현대 신학자들에 이르기까지 부활은 뜨거운 이슈였다. 부활
을 흔들려는 사람들과 그에 맞서 지키는 이들의 치열한 전
투가 끊이지 않았다. 본서는 부활이라는 키워드 하나로 전
체를 풀어간다. 부활의 시대적 변천사, 신약성경과 구약성
경에 나타난 부활을 총망라한다. 오늘을 살아가는 신자들의
삶에 부활이 어떻게 확실하며 어떤 의미가 되는지, 그 풍성
함을 잘 드러낸다. 예수님은 지옥 같은 이 땅을 살아가는 내
곁에서 함께 하시려고 부활하셨다. 지금도 나와 늘 동행하
신다. 부활의 생기가 넘치는 삶을 소망하는 이들에게 일독

을 권한다.   **_서진교 목사**, 작은예수선교회 대표, 작은 자의 하나님 저자

이 책은 부활 논쟁에 대한 핵심을 잘 정리하고 있다. 성경 ·
신학 · 철학의 역사적인 부활 논쟁에서 핵심을 잘 뽑아 정리
했기에 목회자들에게는 너무나 귀한 책이다. 연구할 시간을
절약할 수 있는 것이 이 책의 장점이다. 다양한 근거를 제시
하고 있어서 설교와 양육에도 잘 활용될 수 있다. 부활은 구
속적 의미, 성도의 삶, 교회 공동체 모두에게 매우 중요한 핵
심이다. 필자도 부활의 주님을 인격적으로 만났기에 무신론
자에서 신자가 되었고, 목회자로 쓰임받을 수 있었다. 부활
신앙이 있어야 그리스도인으로 살 수 있다. 지금처럼 신앙
생활하기 어려운 시기에 부활 신앙은 우리에게 정말 필요하
다. 부활에 대한 믿음과 소망과 사랑을 가지고 살아갈 수 있
도록 귀한 책을 집필해주신 김영한 목사님께 감사드린다.

   _정민교 목사, 흰여울교회 담임, ALMINISTRY 대표

이 책은 부활 논쟁의 종합적 · 비판적 논평이다. 먼저 종합
적이란 각 시대를 대표할 만한 철학자들의 부활 관점과 논
쟁의 핵심을 소개하면서 부활 신학의 다양한 이해를 위해

여러 신학자의 역사적, 신앙적, 신화적 해석과 부활 사상을 두루 살피기 때문이고, 다음 비판적이란 이런 소개를 넘어 이를 성경신학적으로 조명해 올바른 부활 사상으로 안내하기 때문이다. 본서의 강조는 5장 이후로 전개되는 부활의 다섯 가지 증거와 비기독교의 역사, 외경, 위경의 부활 증거를 비롯하여, 그리스도의 부활을 이미 신구약성경이 스스로 확증한다는 데에 있다. 저자는 성경 자체가 부활의 원천임을 피력하면서 전통적 기독교 변증의 입장을 넘어 현재는 물론 미래 세상 학문의 발전과 다양한 관점에서도 부활의 성경적 진리를 절대 왜곡할 수 없음을 세게 못 박는다. 본서는 부활의 유무와 그 가능성마저 소멸시키는 세속적 가치관의 범람 앞에서도 부활의 요지부동을 당당히 말한다.

_**김신구 목사**, 고성중앙교회 담임, 서울신대 학술연구 교수

자녀가 "아빠는 예수의 부활을 믿어?"라고 질문하는데 머뭇거린다면, "예수의 부활이 진짜였을까?"라는 불신자의 질문에 답할 수 없다면, 당신의 신앙은 안전하지 않습니다. 부활 신앙은 예수를 믿는 자와 믿지 않는 자를 가르는 가장 중요한 기준입니다. 그러나 오늘날 많은 사람들이 예수의 부

활을 단순한 신화나 종교적 상징으로 치부합니다. 자유주의 신학자들은 부활을 은유로 해석하며 역사적 사실로 받아들이기를 거부합니다. 반면 보수주의 신학자들은 부활의 역사성을 변증하며 이를 철저히 신앙의 중심으로 삼습니다. 이러한 논쟁은 목회자나 신학자들만의 일이 아닙니다. 심지어 교회 안에서도 부활을 역사적 사실로 믿지 않는 이들이 늘어나고 있기 때문입니다. 이 혼란의 시대에 우리는 과연 무엇을 믿고 있는 걸까요? 이 책을 통해 우리는 부활의 의미를 새롭게 발견하고, 오늘을 살아가는 신앙의 자세를 점검하게 될 것입니다.

_김재준 간사, 기독 출판 마케터

나는 이 책에서 부활 논쟁, 즉 부활에 대한 논쟁을 요약하기 위해 다음과 같은 내용을 다루려고 한다.

첫째, 세상의 사람들과 자유주의 신학자들은 부활에 대해 어떻게 생각하는가?

둘째, 부활 논쟁은 역사적으로 어떻게 흘러왔는가?

셋째, 외경과 위경을 포함하여 역사 속의 비기독교적인 책들은 부활을 어떻게 언급하고 있는가? 그런 자료들을 통해서 볼 때 우리는 부활을 왜 믿어야 하며, 또 어떻게 증언해야 하는가?

부활 논쟁은 초대교회 때도 있었다. 당시에도 예수님의 부활을 부인하고, 심지어 사실임을 알았어도 감추려는 자들이 있었다. 부활이 예수를 따르던 제자들의 사기극이라고 주장하는 자들도 있었다. 당연히 이후 역사에서도 부활 논쟁은 계속되었다. 하지만 예수님의 부활을 직접 보고 경험한 자들은 확신에 차서 부활이 사실이었음을 고백했다. 아니, 고백했던 것만이 아니다. 자신들의 삶을 바쳐 부활의 예수를 땅끝까지 전했다. 부활을 증거하기 위해 죽음도 불사했다.

예수님의 제자들 다음에 활동한, 초대교회의 지도자들인 교부들도 부활이 사실이었다고 고백했다. 정경으로 인정되지 않은 외경(外經)에서는 물론이고, 심지어 일부 내용이 왜곡된 것으로 판단된 위경(僞經)에서조차 부활을 언급했다. 그럼에도 불구하고 모든 시대마다 예수님의 부활을 믿지 못하는 자들이 줄곧 있었다. 사람이 어떻게 실재하는 몸으로 다시 살아날 수 있느냐는 것이 불신의 주요 이유였다.

사실 예수님을 믿지 않는 자들이 부활을 부인하는 것보다 더 큰 문제는 믿는 자들 중에도 부활에 역사성이 없다고 보는 경우다. 이 말은 예수가 실제로 부활한 일이 없었다는 주장이다. 예수가 실재하는 몸으로 부활한 것이 아니라 예수의 추종자들의 마음속에서 살고 있다는 차원에서 하는 말이다. 이것이 소위 실존주의 철학자들과 자유주의 신학자들이 말하는 '실존적 예수'라는 개념이다. 몸으로 부활한 예수가 '역사적 예수'라면, 사람들의 마음에 부활한 예수는 '실존적 예수'라는 것이다.

실존주의 철학은 에드문트 후설(Edmund Husserl)의 현상학에 영향을 받았다. 후설의 현상학은 인간 경험의 본질을 분석하는 철학적 방법론을 제공했고, 실존주의 철학자들에게 중요한 출발점이 되었다. 후설의 제자인 마르틴 하이데거(Martin Heidegger)는 현상학을 넘어 존재론(존재의 의미 탐구)으로 발전시켰다. 특히 『존재와 시간』(Sein und Zeit)에서 인간 존재(현존재, Dasein)의 본질을 탐구했다. 하이데거의 철학은 장 폴 사르트르(Jean-Paul Sartre), 카를 야스퍼스(Karl Jaspers) 같은 실존주의 철학자들에게 영향을 주었다. 이런 실존주의 철학이 신학자들에게 영향을 주면서 신학에 실존이라는 단어가 들어가기 시작했던 것이다. 그것이 바로 '실존적 예수'다.

자유주의 신학자들은 초대교회 신자들이 신비적이고 신화적인 예수를 그려냈고, 사람들이 그걸 무분별하게 믿어왔다고 주장했다. 실존주의 철학에서 영향을 받은 신학자들은 이런 비판과 함께 역사적인 예수보다 실존적 예수, 즉 자신 안에 실존한 예수만 있어도 된다고 보았다.

　지금도 믿음이 좋으면 부활의 예수를 실존처럼 느낀다고 말하는 사람이 있다. 그러나 신앙의 근거는 원래 느끼는 것이 아니다. 느낌이 없어도 하나님의 존재를 믿고 찬양하는 것이 신앙이다. 이건 마치 아이들이 아빠의 존재를 실존으로 여기는 개념에 비유할 수 있다. 아이가 청소년이 되고 사춘기가 되면 어릴 때는 아빠라고 느꼈던 남자를 아저씨처럼 느낄 때가 있다. 아버지가 사춘기가 된 청소년기의 자녀와 소통이 부족해져 어릴 때 느끼게 했던 아빠의 느낌을 주지 못하는 경우일 것이다. 그렇다고 아버지가 아닌 것이 되는 건 아니지 않은가? 반대로, 이웃집 아저씨가 아빠처럼 느끼게 되었다고 아버지가 되는 것도 아니다. 부활하신 예수를 실존적으로 이해하는 것에는 이런 오류가 있다.

　실존주의적 부활 신앙은 전통적 부활 신앙과 다르다. 이런 점에서, 부활 논쟁에서 부활 자체를 무시하고 인정하지 않는 불신앙도 문제이지만, 이보다 더 심각한 문제는 부활을 조금이라도 이상하게 해석하는 관점이다.

우리는 "왜 어떤 사람들은 부활의 역사적 증거를 온전히 인정하지 못하는가?" 하는 문제를 살펴보아야 한다. 이 문제의 배경에는 앞에 언급한 실존주의를 비롯해 다양한 철학적 관점이 있다. 따라서 부활에 관한 철학자들의 생각과 그 생각이 변화된 흐름을 살펴보아야 한다. 또한 부활에 관한 역사적 논쟁에 대해서도 살펴볼 것이 있다. 생각의 큰 그림을 통시적인 흐름에서 살펴보아야 하는 것이다. 이것은 부활을 연구한 신학의 역사적 흐름을 이해해야 한다는 뜻이다. 모든 시대의 신학은 그 시대의 철학과 역사를 공유했기 때문이다. 예컨대 초기 교부이자 신학자인 어거스틴(아우구스티누스)의 신학은 플라톤주의 철학의 영향을 받은 것이다. 그런 점에서 각 시대마다 철학자들이 부활을 어떻게 보았는지 살펴보는 것은 부활 논쟁에서 알아야 할 신학적 관점 못지않게 중요하다.

지식이란 내가 인정하고 좋아하는 학자가 말한 것만이 전부는 아니다. 동의하지 않고 싫어하기까지 하는 사람의 책도 가능한 섭렵하고 그 내용을 이해해야 한다. 자기가 좋아하는 학자의 책인데, 다 읽어보면 의외로 동의하기 어려운 내용이 있다는 걸 알게 되는 때도 있다. 반대로 싫어한다고 생각한 학자의 책에서도 공감하고 동의할 내용이 있을 수 있다. 전체를 보지 못하면 자기만 모든 걸 알고 있고 전부를 깨달은 것처럼 착각할 수도 있는 것이다. 그래서 필자는 부활 논쟁을 공부하면서 가능한 다양한 저자의 책을 읽어보려고 노력했다. 이 책을 쓰기 위해 필자가 참고한 책들은 뒤의 참고도서 목록을 참고하기 바란다.

이 책에서는 부활을 인정하지 않거나 전통적인 부활 신학과 일치하지 않는 내용으로 부활을 다룬 학자들의 책과 그 내용을 요약해서 소개한다. 그런 다음 부활을 인정할 수밖에 없는 증거들을 다양한 관점의 책들을 통해 요약한다. 거기에는 역사적 증거, 외경의 증거, 위경의 증거, 비기독교적인 역사서의 증거, 그리고 성경의 증거 등이 포함된다. 마지막으로 성경에서 부활에 관련된 내용들을 정리한다.

이 책이 부활 논쟁에 대한 모든 내용을 다루지는 않는다. 다만 중요한 흐름을 최대한 요약한다. 그래서 입문서라고 할 수도 있겠다. 하지만 이 책은 방대한 부활 논쟁의 내용들을 실제로 이해하려고 할 때 더 쉽게 접근할 수 있도록 도움을 준다. 목회자는 물론이고, 일반 신자가 부활에 관해 증거하고 이해하려 할 때도 도움을 줄 것이다. 특히 설교자들에게는 부활에 대해 체계적이고 조직적으로 전달하는 일에서 기초적인 디딤돌이 될 줄 믿는다. 무엇보다 설교자들이 통상적으로 해오던 뻔하고 공식적인 부활 설교의 틀에서 벗어나게 할 것이다.

필자가 이 책을 통해 진심으로 바라는 것은 단순히 부활을 부인하는 불신자에게 부활을 증거하는 것만이 아니다. 예수님의 부활을 믿는 신자들이 예수는 믿지만 부활에 대해서는 조금이라도 다르게 생각하려는 사람들과 부활 논쟁을 하게 됐을 때, 좀 더 설득력 있게 부활을 변증하도록 돕는 것이다.

2025년 3월, 신촌 품는교회에서
김영한

——— 차례 ———

1부

부활 증거를
부인하는 이유

Revival Debate

부활에 압도적인 증거가 있는가?

01

고 옥한흠 목사의 아들인 옥성호 씨는 기독교 베스트셀러의 저자였다. 그러나 지금은 성경을 하나님의 책으로 믿지 않는다. 하나님이라는 존재는 없고, 인간이 만들어 낸 이야기라고 주장한다. 그는 특히 『부활, 역사인가 믿음인가』라는 그의 책에서 부활이 허구라고 말한다. 부활이 정말 역사적인 사실인지 짚어보아도 믿을 수 없다고 치부한다. 큰 사건이나 놀라운 주장일수록 압도적인 증거가 요구되는

데, 예수 그리스도가 부활했다는 증거가 압도적이고 합리적이라면 부활을 사실로 받아들일 수 있다고 말한다. 그러면서 반문한다. "하지만 과연 그럴까?" 그가 보기에 부활은 그럴 만큼의 증거가 부족하다는 것이다.

서기 79년에 일어난 베수비오 화산 폭발 사건은 증거가 확실하다고 옥성호 씨는 말한다. 화산이 폭발하면서, 불과 18시간 만에 무려 1만 6천여 명이 화산재에 덮여 생매장당한 것이 그 증거이기 때문이다. 무려 2천 년 전에 일어난 사건이지만, 이 엄청난 사건의 역사성을 의심하는 사람은 아무도 없다. 예수의 부활 사건도 놀라운 일이다. 반면, 이 정도 분량의 증거는 없다. 그렇다면 성경에서 말하는 부활에 대한 증언과 부활 사건의 역사성을 어떻게 신뢰할 수 있겠느냐는 것이다. 그는 그럴 수 없다고 주장한다. 부활은 성경을 저술한 사람들이 후대에 신화적으로 조작한 이야기라는 것이다. 부활을 주장한 바울이 주님의 동생인 야고보밖에는 만난 사람이 없었다는 사실도 문제 삼는다.

"그 후 삼 년 만에 내가 게바를 방문하려고 예루살렘에 올라가서 그와 함께 십오 일을 머무는 동안 주의 형제 야고보

외에 다른 사도들을 보지 못하였노라"(갈 1:18-19).

그런데 아이러니하게도, 복음서에 의하면 예수님의 동생인 야고보는 원래 예수님을 하나님으로 믿지 않았고, 예수님도 자기 가족에게 별 관심이 없었다는 점을 언급한다. 이런 정황을 볼 때, 예수의 신성과 부활은 믿을 수 없다는 것이다.

옥성호 씨는 기독교에서 부활의 증거라고 내세워온 것도 신빙성이 없다고 주장한다. 복음서를 제일 먼저 쓴 사람은 마가라고 하는데, 놀랍게도 마가복음에는 부활한 예수님을 만난 사람에 대한 이야기가 없다는 점을 지적한다. 그저 빈 무덤을 확인한 여자들이 두려움에 떨며 도망가는 모습만 서술했을 뿐이라는 것이다.

우리의 가장 오래된 복음서 자료인 마가복음에 나오는 예수의 이야기는 텅 빈 무덤에서 끝난다. … 어찌 된 연유인가 하면, 원래 문헌이 쓰인 지 300년 이상 지난 뒤인 서기 4세기경에 마가복음을 필사하던 신심이 돈독한 어느 사자(寫字)생이 스스로 종결부를 꾸며내어 본문에 덧붙인 것이다. 이 조작된 종결부가 마가복음 16장 9절에서 20절까지의 내용이 되었지만, 더 오래되고 신빙성 있는 마가복음 사본에서는 이 내용을 찾아볼 수 없다. 그것은 사실 마태와 누가와 요한이 전한 '예수 목격담'을 조악하게 짜맞춘 것이다. 거기에 특정적으로 마가의 글이라고 확인될 수 있는 독자적인 재료는 들어 있지 않으며, 결정적으로 그 부분을 쓴 그리스어 문체는 마가의 것과 다르다. 초기 교부 가운데 서기 3세기에 살았던 알렉산드리아의 클레멘트와 오리게네스는 이 '더 긴' 종결부가 있는 줄도 몰랐다. 그들이 살던 시절에는 그것이 아직 출현하지 않았기 때문이다. 『부활, 역사인가 믿음인가?』 옥성호

그는 마가복음에서 마지막 구절인 16장 9-20절이 후대에 첨가된 것이라고 확언한다. 성경의 기타 문서에도 이런 식으로 문제 삼은 곳이 있다. 소위 '부활장'이라고 불리는 고린도전서 15장인데, 복음서 외에 부활에 대해 최초로 기록된 곳이다. 이 장은 기독교에서 중요하게 여기는 것으로 유명하다. 여기에도 모순이 있다고 보았다. 바울이 부활이라는 신적 영역을 언급하면서 예수님의 동정녀 탄생을 전혀 언급하지 않았다는 것이다. 마치 대통령에 대한 책을 쓰면서 대통령의 이름을 언급하지 않은 것과 비슷하다는 논리다.

더 큰 문제로 예수님의 부활을 고백하는 신자들의 신앙

고백, 즉 사도들의 신경(사도신경)이 왜 예수님이 죽고서 6년이 지나기도 전에 만들어졌겠느냐는 점을 지적한다. 비기독교 신학자 로버트 펑크(Robert W. Funk)도 지적하듯이, 그때 이런 신경이 왜 만들어졌을지를 다시 질문해야 한다고 그는 말한다. 그 이유가, 사도신경이 쓰일 당시에도 그랬지만, 추후 니케아 신경을 통해 예수가 하나님이라고 고백하는 시점에도 예수가 하나님이 아니라고 생각하는 사람들이 너무나 많았기 때문이라는 것이다. 그래서 예수의 부활을 의심하는 사람들에게 억지로 신앙을 고백하게 하기 위해 그런 신경을 쓴 것이었다고 주장한다. 사도신경이 마치 우리나라 사람들이 학교에서 외우던 국민교육헌장과 같았다는 주장이다. "우리는 민족중흥의 역사적 사명을 띠고 이 땅에 태어났다." 이런 것처럼 신경을 만들어, 사도들이 살던 시대와 그 후대 사람들이 신앙을 외워서 고백하게 했다는 것이다.

옥성호 씨는 예수가 부활한 후 40일 동안 제자들과 시간을 보냈다고 하는데, 정작 부활을 증거한 바울이 '환상 중에' 예수님을 보았다고 고백했다는 건 인정하기 어렵다고 한다. 바울이 부활뿐 아니라 복음에 대해 말하는 것도 마찬가지다. 바울도 아는 복음의 진리를 제자들이 모르고 있었고, 바울이 하는 이방 선교를 제자들이 고민했다는 것은 말이 안 된다고 지적한다. 제자들은 40일간 주님과 함께 있었고 부활과 승천까지 목격했는데, 그런 이들이 복음과 선교에 대해 제대로 알지 못한다고 해서 바울에게 책망받았다는 것만큼 코미디가 없다는 것이다.

그는 예수님이 문맹이었다고 주장하기도 한다. 예수님이 살던 시대에는 유대 민족의 95-97퍼센트가 문맹이었기 때문이다. 그러니 가난한 집에서 태어난 예수가 문맹이 아니었을 가능성은 적다는 것이다. 당시 통용되던 성경도 구전 문화 속에서 전수되었다고 기술한다. 그에 비해 바울은 다소 출신의 엘리트다. 바울이 말한 부활 이야기는 제자들이 말한 것을 받아쓴 것이며, 자신의 드라마틱한 체험을 가미한 것이라고 주장한다. 바울이 그러지 않았으면 제자들에게 시기와 질투를 받을 수 있었을 것이라는 말이다. 그는 바울이 제자들의 부활 이야기를 빼는 대신, 그보다 놀라운 자신의 체험기를 덧붙였다고 본다. 그런데 문제는 이런 것이 전부가 아니라고 말한다.

진짜 문제는 다음 두 가지다. 첫 번째는 이미 앞에서 살펴보았듯이, '(내게) 보이셨어요…' 정도의 (바울의) 고백에 제자들이 바울을 사도로 인정했을까 하는 당연한 의문이다. 두 번째 문제는 이것이다. 두 번째 시나리오(바울의 부활 예수 체험기)가 사실이 되려면 한 가지 전제가 필요하다. 복음서가 말하는 다양한 부활 이야기가 사실이라는 전제이다. 부활한 예수를 만난 베드로와 도마의 이야기 등이 다 사실이어야 한다는 것이다. _『부활, 역사인가 믿음인가?』 옥성호

그러나, 그는 복음서에 따르면 다음과 같다고 주장한다.

첫째, 예수는 부활하고서 베드로(게바)에게만 나타난 것이 아니다. 바울은 예수가 베드로에게 먼저 나타났고, 그다음에 제자들에게 나타났다고 분명하게 말했지만, 복음서에 따르면 예수는 베드로를 '포함한' 제자 전체에게 모습을 드러냈다. 제자들을 만나기 전에 예수가 모습을 드러낸 사람은 베드로가 아닌 막달라 마리아를 포함한 여자들이었다.

둘째, 바울은 예수가 열두 제자에게 나타났다고 했는데, 예수는 열두 제자가 아닌 열한 제자에게 나타났다. 가룟 유다가 죽은 상태에서 제자의 숫자는 열둘이 아니라 열하나였기 때

문이다. 혹시 바울이 가룟 유다라는 사람의 존재 자체를 아예 몰랐던 것은 아닐까? 만약 가룟 유다가 바울도 모르는 사람이었다면, 어쩌면 가룟 유다라는 존재가 애초부터 '없었던' 건 아닐까?

셋째, 예수는 500명이 넘는 사람들 앞에 일시적으로 나타난 적이 없다.

넷째, 예수는 그의 형제 야고보에게만 특별히 나타난 적이 없다. 『부활, 역사인가 믿음인가?』 옥성호

그러나 바울에 따르면 부활한 예수는 순차적으로 나타났다. 게바 > 열두 제자 > 500여 명 > 야고보 > 모든 사도 > 바울 순이다. 그런데 옥성호 씨는 바울에게 나타난 예수님의 부활이 '몸의 부활'이 아니었다고 주장한다. 바울이 몸으로서 부활한 예수를 경험했다면 그가 쓴 책에 분명히 본 것을 적었을 것이고, 마지막 문구를 이렇게 적었을 것이라고 주장한다.

맨 나중에 만삭되지 못하여 난 자 같은 내게도 보이셨느니라. 이 모든 보이심은 손으로 만지고 느낄 수 있었던 확실한 몸의

옥성호 씨는 사람들이 전통적으로 부활의 증거라고 생각하는 다음 네 가지를 인정하지 않는다. 첫째, 예수가 매장된 것, 둘째, 빈 무덤, 셋째, 다양한 사람들에게 출현한 것, 넷째, 제자들의 변화 등이다.

첫째, 예수님을 매장했다는 아리마대 사람 요셉의 이야기는 신빙성이 없다고 주장한다. 아리마대 사람이 속한 공회가 무엇이고 분위기가 어떠하다는 걸 알면 그렇다는 것이다. 당시엔 그런 공회의 일원이 감히 빌라도를 찾아가 시체를 요구할 수 없었다는 것이다.

그 공회가 어떤 공회인가? 아리마대 요셉을 포함해 단 한 명도 예외 없이 예수에게 유죄를 내린 사람들이다. "여러분은 이제 하나님을 모독하는 말을 들었소. 여러분의 생각은 어떠하오?" 그러자 그들(공회원)은 모두 예수는 사형을 받아야 마땅하다고 정죄하였다(막 14:64). 그런데 예수의 사형에 찬성했던 그가 갑자기 빌라도를 찾아가서 예수의 시체를 요구한다고? '대담하게'라는 부사를 삽입한 것을 보면, 마가복음 저자도 그런 상황이 자연스럽지 않다고 생각했던 게 틀림없다.

_『부활, 역사인가 믿음인가?』 옥성호

둘째, 빈 무덤도 믿을 수 없다고 주장한다. 빈 무덤 이야기는 마가복음이 기록되고 나서 200년이나 300년 뒤에 추가된 내용이라는 것이다.

셋째, 예수는 다양한 사람들에게 출현한 것이 아니라 집단 환상이라고 주장한다. 사실 예수님이 부활한 후에 자신을 보였어야 할 대상은 세 명이었다고 말한다. 대제사장, 빌라도, 가말리엘이다. 그들처럼 당시에 영향력이 있고 예수님을 인정하지 않았던 자들에게 나타났다면 부활 사건이 더 잘 전파되고 인정받았을 것이라는 생각이다.

게다가 부활이 역사적인 기록으로 인정받으려면 다음 네 가지를 염두에 두었어야 한다고 주장한다.

1. 동시대 사람의 기록(contemporary account)인가?

2. 1차 소스에 의한 기록(first hand account)인가?

3. 선입관이 배제된 기록(unbiased account)인가?

4. 독립적인 다수의 기록(independent multi-source account)
　인가?

　그러나 예수님의 부활 사건은 이 네 가지를 충족하지 못
한다고 말한다.

　넷째, 예수님의 제자들의 변화도 설득력 있는 논증 같지
만, 조작에 의해 세뇌당해 그랬을 수 있다고 말한다.

　2019년 현재에도 여전히 최순실의 태블릿 피시를 JTBC가
　조작했다고 믿는 사람이 적지 않다. 아무리 객관적 증거를 들
　이밀어도 그런 사람들은 요지부동이다. 이 세상에는 애초에
　'증거'가 아무런 의미가 없는 사람들이 있다. 종교와 정치와
　관련해서 특히 더 그렇다는 것을 우리는 너무 잘 안다. 당시
　라고 달랐을까? 『부활, 역사인가 믿음인가?』옥성호

　옥성호 씨는 예수가 역사적으로 존재한 것은 인정하나, 예
수님의 신성과 동정녀의 탄생과 부활은 인정할 수 없다고
한다. 그 외에도 부활을 인정하지 않는 이들은 많다. 다만 이
책에는 옥성호 씨의 책을 대표적인 사례로 들었다. 그 이유

가 대개 비슷하기 때문이다. 하지만 이런 주장에 열광하는 사람들이 의외로 매우 많다. 예수님의 부활은 정말 사실이 아닐까?

2부

신학과
철학에서의
부활 논쟁 역사

Revival Debate

철학자들이 생각한
죽음과 부활

02

부활은 역사적으로 뜨거운 이슈였다. 수많은 신학자와 역사학자가 부활을 언급하였다. 신학자와 역사학자만 부활을 이야기한 것이 아니다. 철학자들도 죽음과 부활에 관해 논했다. 철학자들이 논한 죽음과 부활은 신학과 관련해서도 의미가 있다. 삶에 대해서만 아니라, 죽음과 그 이후에 대해서도 논한 것이기 때문이다. 그래서 철학자들의 논의는 부활 논쟁과 이어질 수밖에 없다. 그러므로 부활에 관한 철학자들의 생각이 역사에서 어떻게 흘러왔는지를 알아보는 것은 중요하다. 고대부터 중세를 거쳐 현대의 철학자들에 이르기까지, 철학자들은 부활에 관해 어떻게 생각했을까?

고대 철학자들의 부활 논쟁과 관점

① 소크라테스(Socrates, BC 470-399)

소크라테스가 부활을 직접적으로 언급했다는 기록은 없다. 다만 우리는 그의 제자인 플라톤의 『파이돈』($\Phi\alpha\iota\delta\omega\nu$)을 통해 소크라테스가 영혼의 불멸에 대해 논했던 것을 알 수 있다.

소크라테스는 영혼이 육체의 죽음 이후에도 지속한다고 주장하며, 인간이 진리와 덕을 추구하는 과정에서 죽음을 두려워하지 말아야 한다고 강조했다. 이러한 믿음 덕분에 그는 잘못된 고소에도 아랑곳하지 않고 독배를 받아들였다. 소크라테스는 인간이 철학적 사유를 통해 육체를 넘어서는 존재로서 진정한 삶을 찾을 수 있다고 보았다.

② 플라톤 (Plato, BC 427-347)

'이데아'를 강조한 플라톤은 스승 소크라테스처럼 영혼의 불멸을 주장했으며, 더 체계화하였다. 다만 육체의 부활에는 회의적이었다. 그는 영혼이란 것은 이상 세계, 즉 이데아 세계에서 기원했으며, 죽음이란 것은 영혼이 육체로부터 해방되어 본래의 세계로 돌아가는 과정이라고 보았다. 육체를 영혼의 감옥으로 간주하였고, 죽음을 영혼이 이데아 세계로 돌아가는 전환점으로 이해했다. 따라서 플라톤이 부활을 신체적 차원에서의 회복으로 본 것은 아니다. 사람이 죽음으로써 영혼이 순수한 상태로 복귀하는 것을 중요시했다. 영혼이 육체에서 벗어나 본래의 본질인 이데아의 세계로 돌아간다고 본 것이다. 이런 관점에 따라, 플라톤은 영혼의 정화와 이성적 추구를 통해 궁극적인 진리와 선에 접근할 수 있다고 믿었다.

③ 아리스토텔레스 (Aristotle, BC 384-322)

아리스토텔레스는 플라톤과 달리 영혼의 불멸을 부정하였다. 오히려 영혼과 육체의 통합을 강조했다. 인간을 영혼(형상)과 육체(질료)의 통합체로 보았기 때문이다. 따라서 아리스토텔레스는 영혼이 죽음 이후에 독립적으로 존재한다고 보지 않았다. 영혼이 육체와 결합해 인간 존재의 본질을 이룬다고 주장했다. 따라서 그는 부활을 신학적이고 철학적인 문제로 다루지 않았다. 인간의 존재 의미를 현세에서 찾았고, 영혼과 육체의 관계 속에서 행복을 추구하는 삶을 중시했다. 죽음을 영혼과 육체의 분리라고 보았다. 죽음 이후의 부활보다 현세에서 덕을 쌓는 것을 중요하게 여긴 것이다. 이성을 통해 자신의 삶을 향상시키는 것을 삶에서 더 중요한 목표로 삼았다.

④ 에피쿠로스(Epicurus, BC 341-270)

'아타락시아'와 같은 마음의 평정에 초점을 둔 에피쿠로스는 쾌락을 추구한 철학자다. 부활을 부정하였고, "죽음은 단순한 끝에 지나지 않는다"라고 주장했다. 부활을 믿지 않았으면서도 죽음을 두려워할 이유는 없다고 한 것이다. 에피쿠로스는 죽음을 그저 육체와 영혼의 종말로 간주했다. 죽음이 인간에게 아무런 고통이나 불안을 초래하지 않는다고 믿었기 때문이다. 인간의 궁극적인 목적은 오로지 삶에서 쾌락을 추구하는 것이라고 주장했으며, 죽음 이후의 존재나 부활에 대해서는 관심을 두지 않았다. 현세에서의 행복과 만족을 추구하는 삶을 강조했을 뿐이다. 인간의 삶에는 쾌락과 고통의 균형을 이루는 것이 중요하다고 보기도 했다.

⑤ 파르메니데스(Parmenides, BC 515-450)

파르메니데스는 부활의 가능성을 부정하였고, 존재의 불변성과 영원성을 주장했다. 그는 심지어 모든 변화와 운동(움직임)을 환상으로 간주하며, 실재하는 것은 불변의 존재만이라고 주장했다. 변화와 죽음, 부활 같은 개념은 허상에 불과하다고 보았다. 파르메니데스의 사상에서 중요한 것은 존재의 영원성과 불변성이다. 그는 모든 변화와 생사의 순환을 초월한 절대적 존재에 대해 논했다. 따라서 부활은 그의 철학적 체계에서 아무 의미가 없었다. 존재의 본질이 영원 불변의 상태에 있다고 믿었기 때문이다.

중세 철학자들의 부활 논쟁과 관점

① 아우구스티누스 (Augustine of Hippo, 354-430)

아우구스티누스는 부활을 기독 신앙의 핵심 교리로 여겼으며, 인간 구원의 핵심적인 부분이라고 주장했다. 신학적으로는 원죄와 구속의 관점에서 부활을 설명했다. 부활을 신의 은총으로 이루어지는 사건으로 간주하였고, 영혼과 육체의 통합된 회복으로 보았다. 이를 통해 인간이 신의 형상으로 회복되는 과정이라고 설명했다. 또한 예수의 부활을 통해 인류 전체의 부활이 이루어짐을 강조하였다.

② 안셀무스 (Anselm of Canterbury, 1033-1109)

안셀무스는 부활이 하나님의 정의와 구속 계획이라고 보았다. 따라서 부활을 하나님의 정의와 구속의 관점에서 논했다. 부활을 하나님의 정의로운 심판과 구속 계획에 속하는 중요한 사건으로 본 것이다. 이에 따라 안셀무스는 부활을 신학적 논리로 해석하면서, 예수의 부활을 인간의 죄를 속죄하는 구속적 사건으로 보았다. 신의 정의와 일치하는 방식으로 부활을 설명하며, 인간이 신의 뜻에 따라 부활하는 것이 궁극적인 구속의 과정이라고 주장했다.

③ 토마스 아퀴나스 (Thomas Aquinas, 1225-1274)

아퀴나스는 부활을 인간이 하나님의 계획 안에서 완전하게 회복되는 것으로 보았다. 부활이 신의 구속적 목적에 부합하는 중요한 역할을 한다고 본 것이다. 아퀴나스는 부활을 이성적으로 설명하려 했으며, 이를 신학적 계시와 결합하여 하나님의 전능하심과 인간 본성의 완전성을 증명하는 중요한 사건으로 간주했다. 인간이라는 존재는 육체와 영혼의 결합체이므로, 부활은 인간 존재의 완성을 위한 필수적 사건이라고 주장했다.

④ 존 둔스 스코투스 (John D. Scotus, 1266-1308)

스코투스는 부활을 신의 구속 계획의 필수적인 부분으로 이해했으며, 부활이 신의 뜻과 계획에 맞춰 이루어진다고 주장했다. 또한 인간이 부활을 통해 하나님과 완전한 연합에 이르게 된다고 보았다. 인간이 육체와 영혼의 결합체로 존재하기 때문에, 부활이 영혼의 구속뿐 아니라 육체의 회복, 즉 육체의 구속을 포함하는 중요한 신학적 사건이라고 주장했다. 스코투스는 무엇보다 예수 그리스도의 부활을 인간의 구속을 위한 필수적이고 핵심적인 사건으로 보았다. 인간이 육체의 부활을 통해 신의 형상으로 회복되며, 궁극적으로 신과 완전한 연합에 이를 수 있다고 보았다. 따라서 그에게 부활은 단순히 신의 능력의 표현만이 아니다. 신의 정의와 섭리에 따라 이뤄지는 구속의 중요한 부분으로 이해해야 한다고 주장했다.

⑤ 윌리엄 오캄 (William of Ockham, 1287-1347)

오캄은 부활에 대한 추상적이고 거추장스러운 개념을 면도날로 모두 날려버린 사람으로 평가받는다. '오캄의 면도날'로 불리는 그의 개념을 통해 부활에 대한 불필요한 가정을 제거하려 한 것이다. 그는 부활이 하나님의 의지에 의한 초자연적 사건이라고 보았으므로 논리적 증명이 불가능하고, 오직 신의 의지와 능력에 의해 가능하다고 주장했다. 따라서 인간의 이성만으로 부활을 증명할 수 없다고 주장했다. 부활을 신학적 차원에서 이해하려 했으며, 부활에 대한 논의에서 인간의 이성과 신학적 계시의 관계를 중시했다. 부활이 신의 계획의 일부로 존재한다고 보았고, 신의 전적 능력에 대한 믿음을 강조했다. 신의 전능성을 통해서만 부활을 설명할 수 있다고 보았기 때문이다.

근대 철학자들의 부활 논쟁과 관점

① 르네 데카르트(Rene Descartes, 1596-1650)

근대 철학의 포문을 연 것으로 평가되는 프랑스의 철학자이자 수학자이자 과학자인 데카르트는 영혼과 육체의 이원론을 주장했다. 인간을 영혼과 육체의 이원론적 존재로 보았던 것이다. 데카르트는 영혼의 독립성과 불멸성을 강조했으나, 부활에 대해 직접적으로 언급하지 않았다. 그는 "나는 생각한다. 고로 존재한다"라는 명언을 남겼듯이, 인간의 본질을 '생각하는 것'(영혼)으로 규정하며, 신앙적 차원에서는 영혼의 불멸성을 주장했다. 그러나 육체로서의 부활은 철학적 논의보다 신앙의 영역에 맡겼다.

② 고트프리트 라이프니츠(Gottfried W. Leibniz, 1646-1716)

독일의 수학자이자 과학자이며 철학자인 라이프니츠는

신적 질서와 인간 존재의 연속성을 강조하였고, 부활을 형이상학적 가능성으로 해석했다. 그는 영혼을 독립적이고 영속적인 단자(段子)로 간주하였고, 부활을 신적 섭리에 따라 영혼이 완전한 상태로 회복되는 과정으로 설명했다.

③ 데이비드 흄(David Hume, 1711-1776)

흄은 부활이 자연법칙을 위반하는 비합리적 사건이라고 보았다. 과학적 증거와 합리적 논리로 설명하기 어렵다고 주장했다. 경험주의적 관점에서 볼 때, 부활 같은 기적은 인간의 경험에서 일어난 적이 없기 때문이다. 따라서 그 진위를 믿을 수 없다고 보았다. 부활 같은 사건을 믿는 것은 흄에게 비합리적이다. 더구나 그는 회의주의 철학의 대가였다. 심지어 태양이 매일 동쪽에서 떠서 서쪽으로 진다는 것도 믿을 수 없다고 했다. 그런 흄이기에, 기적에 대해서는 전부 비판적으로 접근했고, 당연히 부활도 기적의 일환으로 보고 의심했다. 흄은 『기적에 대한 논고』에서 "기적을 믿는 것은 인간 경험에 반하는 것이다"라고 주장했다. 기적에는 믿을 수 있을 만큼의 합리적 증거가 부족하고, 사람들이 기적을 주장하는 것은 자연의 법칙을 무시하는 것이라고 지적했다.

부활은 그저 신앙의 영역에 두어야 한다고 주장했다.

④ 임마누엘 칸트 (Immanuel Kant, 1724-1804)

임마누엘이라는 이름은 경건한 독일인 부모에게서 태어난 칸트가 받은 세례명이기도 했다. 하지만 칸트는 부활에 대해서는 이성적 증명이 불가능하다고 보았다. 부활을 그의 도덕적 이상과 연결시켰을 따름이다. 그는 흄의 회의론에서 기하학, 수학, 물리학을 살려내려 했는데, 극단적 회의주의에서 인식가능한 영역 정도는 회복하려 했던 것이다. 칸트는 어쨌든 경험되고 검증되지 않는 부활에 대해서는 논하지 않으려 했다. 신, 자유, 영혼 같은 주제도 다루지 않으려 했다. 이성적 증명으로 온전히 설명할 수 없는 주제들이라고 보았기 때문이다. 그러나 부활에 대해선 도덕적 이상과 영원한 정의의 상징으로 간주했다. 인간의 도덕적인 삶과 윤리적 질서에 부합하는 개념으로서 부활을 해석하며, 이를 신앙적 도덕성과 연결하려 했다.

⑤ 프리드리히 헤겔 (Georg W. F. Hegel, 1770-1831)

헤겔은 부활을 예수님의 신성과 인간성의 완전한 통합으

로 해석했다. 나아가 역사적 발전의 궁극적 목적을 드러내는 사건이라고 보았다. 부활을 신성과 인간성의 통합을 상징하는 변증법적 과정으로 보았던 것이다.

현대 철학자들의 부활 논쟁과 관점

① 프리드리히 니체 (Friedrich Nietzsche, 1844-1900)

'초인'을 강조했던 니체는 예수의 부활을 부인했고, 이 또한 초인이라는 개념으로 대체했다. 부활 사상을 부정하면서 초인을 대안으로 제시했던 것이다. 니체는 부활을 약자들이 만들어낸 신화로 간주하였다. 인간이 자신의 운명을 스스로 창조해야 한다고 주장했고, 스스로 강하게 살아가야 한다고 강조했다. 이에 따라 신앙과 도덕적인 절대성을 거부했다.

② 마르틴 하이데거 (Martin Heidegger, 1889-1976)

하이데거는 부활이 인간이라는 존재에게 근본적이고 존재론적인 의미를 가진다고 보았다. 부활에 대해 명시적으로 논하지 않았지만, 인간 존재의 궁극적인 의미와 죽음에 대한 이해를 중심으로 존재론적인 접근을 시도했다. 죽음을 존재의 필연적인 일부로 보았고, 인간이 죽음을 인식하며 진정한 존재로서 살아가야 한다고 주장했다.

③ 장-폴 사르트르(Jean-Paul Sartre, 1905-1980)

사르트르는 부활이 초자연적 신앙이라고 비판했으며, 죽음을 인간 존재의 끝이라고 보았다. 무신론자인 그는 부활을 인간 존재의 비현실적 환상으로 간주했다. 인간이 죽음 이후에는 존재하지 않는다고 주장했기 때문이다. 다만 인간의 자유와 책임을 강조했다.

④ 폴 리쾨르(Paul Ricoeur, 1913-2005)

프랑스 철학자 리쾨르는 부활을 문자적 사건이 아니라 인간의 실존과 희망을 상징하는 것으로 보았다. 따라서 그는 부활이 인간의 재창조와 구원을 의미하는 상징으로 작용한다고 해석했다. 부활을 존재의 변화와 새로운 의미를 찾는 과정으로 이해한 것이다. 이러한 맥락에서 부활을 단순한 역사적 사건이 아니라 실존적 자기 이해와 의미의 재구성으로 보게 했다.

⑤ 앨빈 플랜팅가 (Alvin Plantinga, 1932-)

플랜팅가는 이 시대에 자타가 공인하는 뛰어난 철학자요, 신학자이다. 그런 플랜팅가가 부활을 철학적 변증의 대상으로 삼은 것은 특별하다. 그는 부활을 기독교 신앙의 핵심일 뿐 아니라 철학적 논증의 중요한 주제로도 본다. 플랜팅가는 그의 저서 『보증』(Warrant: the Current Debate)에서 부활을 합리적이고 논리적으로 옹호한다. 부활을 단순히 신앙의 문제가 아니라 철학적 논증의 주요 주제로도 접근했으므로 유념해서 볼 필요가 있다.

⑥ 슬라보예 지젝 (Slavoj Zizek, 1949-)

지젝은 부활이란 마르크스주의적인 혁명과 같은 것이며, 주체의 자기 혁신을 나타내는 중요한 사건이며, 새로운 질서의 출현과 밀접한 관계가 있다고 보았다. 지젝은 부활을 신학적이고 철학적인 상징으로 해석했다. 부활을 '새로운 삶의 시작'으로 이해하며, 이를 인간 존재와 사회 구조의 혁신적 변화, 그리고 주체의 자기 혁신을 나타내는 중요한 사건으로 보았다. 지젝에게 부활은 구속과 자유의 해석적 기초가 되며, 현실을 재구성하는 상징적 사건이 된다. 지젝은 부활의 상징성을 정치적, 사회적 변화와 연결지으려고 했다. 부활을 단순하게 종교적 사건이나 신앙적 문제로 보지 않은 것이다. 기독교의 부활 개념을 마르크스주의적 혁명론과 연관시키며, 부활이 새로운 사회적 질서의 출현과 밀접한 관계가 있다고 주장했다.

부활 해석의
역사적 흐름

03

 부활 개념 해석의 역사적 변천

부활은 역사적으로 어떻게 해석되어 왔을까? 『부활의 의미』
(This Risen Existence: The Spirit of Easter)라는 폴라 구더(Paula
Gooder)의 책을 보면 부활이 역사적으로 어떻게 해석되었는
지를 헬라 철학과 관련하여 자세히 볼 수 있다. 헬라 철학의
이분법에서는 영과 육이 같이 있다고 보지 않았다는 것이

구더의 전제다. 구더는 신약성경과 초기 기독교 전통에서 부활 사건의 역사적 맥락과 신학적 함의를 분석하며, 부활이 단순히 예수의 육체적 부활로 이해되는 것을 넘어 신학적 혁명의 중심 사건임을 강조한다. 그에게 부활은 단순한 초자연적 현상을 넘어 하나님의 종말론적 구원 계획의 정점이다. 따라서 부활이 하나님의 구원 계획에서 어떤 역할을 했는지를 논한다. 이를 통해 부활이 과거의 사건일 뿐 아니라 현재와 미래의 구원 역사에 작용하는 하나님의 의도라는 것을 보여준다.

헬레니즘 철학의 부활 개념과 유대교 전통의 부활 개념이 발전해 온 과정은 다음과 같다. 이 맥락에서 초기 그리스도교가 어떤 부활 신앙을 가졌을지 고찰할 수 있다.

① 헬레니즘 철학의 부활 개념

헬레니즘 철학은 물질과 영혼을 이분법적으로 이해하며 영혼의 불멸성을 강조했다. 플라톤주의는 물질적인 신체를 영혼의 감옥으로 여겼다. 죽음은 영혼이 신체에서 해방되어 순수한 형이상학적 세계로 들어가는 과정으로 이해되었다. 이런 관점에서 부활은 필요없거나 오히려 바람직하지 않은 것으로 간주되었다. 스토아 철학 역시 우주적 이성(logos)에 따라 모든 존재가 순환적 질서 속에서 소멸하고 재생될 것을 강조했지만, 개인의 신체적 부활에 대한 개념은 거의 배제하였다.

② 유대교 전통의 부활 개념

유대교에서는 부활에 대한 개념이 시간이 지나면서 발전했다. 초기 히브리 성경(구약)에는 부활 개념이 명확하게 드러나지 않는다. 예컨대, 죽음 이후에 대한 이해는 대부분 스올(Sheol)이라는 음부의 세계로 제한되었으며, 개인적인 부활보다 집단적 회복에 초점이 맞춰 있었다. 그러나 바벨론 포로기 이후와 제2성전기 동안에 유대교는 메시아 사상과 함께 종말론적 부활 개념을 발전시켰다.

다니엘서 같은 텍스트는 의인과 악인의 부활을 포함하는 미래적 구원의 약속을 제시하며(단 12:2), 유대교에서는 종말론적 부활이 하나님의 최종 심판과 새로운 질서의 출현을 상징하는 것으로 이해되었다. 바리새파는 이러한 부활 개념을 강력히 지지했지만, 사두개파는 이를 부정하면서 오직 율법의 이행에 따른 현재적 축복에만 초점을 두었다.

③ 초기 기독교의 부활 이해

초기 기독교는 헬레니즘 철학의 영혼 불멸 사상과 유대교의 종말론적 부활 개념을 배경으로 독창적인 부활 신앙을 형성했다.

a. **헬레니즘 철학과의 차별성:** 초기 기독교는 물질적 신체의 부활을 강조하여, 영혼만의 불멸성을 주장한 헬레니즘 철학과 대조를 이룬다. 예수의 부활은 단순히 영혼의 해방이나 초월적 존재로의 전환이 아니라 신체적 변형과 새 창조의 표본으로 제시되었다. 이러한 신체적 부활의 강조는 하나님의 창조가 본질적으로 선하며, 물질세계도 궁극적으로 새롭게 회복될 것이라는 종말론적 비전을 반영한다.

b. **유대교와의 연속성과 변혁성:** 초기 기독교는 유대교의 부활 이해를 계승했으나 이를 예수 그리스도의 부활을 중심으로 재구성했다. 유대교에서는 종말론적 부활이 미래적 사건으로만 이해된 데 반해, 초기 기독교는 예수의 부활을 통해 종말론적 부활이 이미 시작되었다고 주장했다. 이는 바울의 신학에서 '첫 열매'(고전 15:20)라는 개념으로 나타난다. 또한 바울에게 예수의 부활은 단순히 의인들의 구원을 넘어 모든 창조 세계의 회복을 포함하는 것으로, 보다 보편적이고 우주

적인 비전을 담고 있었다.

④ 유대-헬레니즘 문화와의 상호작용에 나타난 독창성

초기 기독교의 부활 신앙은 유대교와 헬레니즘 철학의 요소를 모두 수용하면서도 이를 새로운 신학적 틀 안에서 재구성했다. 초기 기독교는 유대교의 전통적 부활 개념을 바탕으로 하면서도 헬레니즘 세계관 안에서 부활 신앙의 보편적 설득력을 확보하려고 노력했던 것이다. 예를 들어, 바울은 아테네에서 복음을 전할 때, 즉 헬레니즘적인 청중에게 부활을 설명할 때 그들의 철학적 배경을 고려했다(행 17:32).

초기 기독교는 이러한 상호작용에서도 독자적인 신학적 지평을 열었다. 예수의 부활을 통해 구원과 새로운 창조의 도래가 이미 시작되었다는 '이미와 아직'(already and not yet)의 긴장 안에서, 과거의 사건이 현재와 미래를 연결하는 통합적 신앙의 중심으로 자리잡게 되었다.

폴라 구더는 이러한 분석을 통해 초기 기독교가 유대교의 전통과 헬레니즘 철학이라는 양대 문화적 배경 안에서 독창적인 신학적 정체성을 형성했음을 강조한다. 이로써 초기 기독교의 부활 신앙은 단순한 전통의 수용이나 철학적 타협

이 아니라 독자적인 신학적 혁신의 결과로 평가된다.

역사적 사실로서의 부활과 신화적 해석

그러면 부활 논쟁은 역사적으로 어떻게 전개되었을까? 부활 사건은 기독교 신앙의 핵심을 이루는 중요한 주제이지만, 이 사건에 대한 해석은 시대와 신학적 배경에 따라 다양하게 전개되어 왔다. 크게는 ① 역사적 사실로서의 부활, ② 신앙적 메시지로서의 부활, ③ 신화적 해석으로서의 부활이라는 세 가지 주요 관점으로 나눠 볼 수 있다. 각 관점은 부활 사건이 신앙에 미친 영향을 다르게 해석하며, 기독교 신앙의 본질을 이해하는 데에서 각각 중요한 시사점을 제공한다.

① 역사적 사실로서의 부활
부활을 역사적 사실로 이해하는 관점이다. 이것은 초기 기독교부터 현대에 이르기까지 계속된 관점으로, 중요한 신앙적 기초로 자리잡아 온 것이다.
초기 교회는 예수의 부활을 단순한 신앙적 상징이 아니라 실제로 일어난 역사적 사건으로 믿었다. 사도 바울도 고린도전서 15장에서 부활을 '예수가 성경대로 죽으셨고 다시 살아나신 사건'으로 기록하며, 부활이 기독교 신앙의 핵심이라고 강조했다. 초기 교회의 교부들 역시 부활을 신앙 공동체의 중심적 사건으로 보았다. 이들은 부활이 예수의 승리만 의미하는 것이 아니라 신자들의 구속과 구원을 확증하는 것으로 이해했다. 또한 19세기까지는 수많은 신학자들이 부활 사건을 역사적 사실로 받아들였으며, 예수의 부활을 신앙과 구원의 근거로 삼았다.

② 신앙적 메시지로서의 부활

부활을 역사적 사실로 이해하는 한편, 신앙적 메시지로 해석하는 것도 기독교 신학에서 중요한 역할을 해왔다. 이 관점은 부활이 신앙 공동체에게 주어진 희망과 구속의 메시지임을 강조한다. 알브레히트 리츨(Albrecht Ritschl)과 루돌프 불트만(Rudolf Bultmann) 같은 신학자들은 부활을 물리적 사건으로만 해석하지 않았고, 그 신앙적 의미를 중시했다.

특히 불트만은 부활 사건을 신앙적 해석의 차원에서 접근하며, 부활이 신앙인들에게 실존적 희망과 구속의 메시지를 상징적으로 전달한다고 주장했다. 부활을 물리적 사건으로만 보기보다 신앙인들에게 실존적 변화를 가져오는 상징적 사건으로 해석했던 것이다. 불트만은 구속의 시작과 신앙 공동체의 실천적 삶에 미치는 부활의 영향을 중시하며, 신자들이 이를 통해 삶의 목적과 희망을 찾을 수 있다고 보았다.

현대 신학에서도 부활은 여전히 신앙적 메시지로서 중요한 의미를 지닌다. 위르겐 몰트만(Jurgen Moltmann)은 부활을 인간과 창조의 희망을 회복하는 것으로 해석하여, 특별히 신자들에게 새로운 희망을 제공하는 사건으로 강조했다. 그에게 부활은 신자들에게 하나님과의 화해와 구원의 실현을 약속하는 중요한 메시지로 이해된다.

③ 신화적 해석으로서의 부활

부활을 신화적으로 접근하려는 입장이다. 부활 사건을 문자 그대로의 역사적 사실로만 보기보다 신앙적 또는 상징적 의미로 보는 관점이라는 점에선 신앙적 메시지로 보는 관점과 유사하다. 근대 신학자들은 부활을 인간의 실존적 문제와 구속의 상징적 해석으로 접근했다. 루돌프 불트만은 부활을 신화적 해석 차원에서 다루면서, 그것이 현대인의 실존적 경험과 어떻게 연결될 수 있는지에 대해 논했다. 불트만은 부활을 물리적 사건으로서가 아니라 신화적 구조로 이해하고, 그 신화적 의미가 현대 신자들에게 중요한 신앙적 메시지를 전달한다고 주장했다. 부활을 신앙 공동체와 개개인의 삶에 실존적인 변화를 일으키는 신화적 사건으로 보았다는 것이다. (이 점에서 신앙적 메시지로 보는 부활에 대한 관점과 신화적 해석으로 부활을 보는 것은 통하게 된다.)

리처드 로어(Richard Rohr)는 현대 신학자이자 영성 지도자로, 부활에 대한 신화적 해석을 제시한 인물 가운데 하나였다. 그 또한 부활을 단순한 물리적 사건이 아니라 인간 실존의 변화와 새로운 영적 실체의 출현을 상징하는 사건으로 해석했다. 부활을 예수 그리스도의 신성과 인간성의 결합이 아니라 인간 존재의 변혁을 나타내는 신화적 사건이라고 본 것이다. 로어는 부활이 신성한 변화를 상징하며, 그것이 인간의 삶에 미치는 영적 영향을 강조하였다.

현대 신학에서 부활을 신화적 해석으로 접근하는 관점은 '탈신학적' 또는 '포스트모던 신학'의 영향을 받으며 더욱 확산되었다. 그래서 일부 학자들은 부활 사건을 물리적이고 역사적인 사실로 받아들이기보다 인간의 존재와 삶의 의미를 탐구하는 신화적이고 상징적인 사건으로 이해하려 했던 것이다. 이는 부활을 단순히 신앙의 상징으로만 보지 않고, 그 상징이 인간 실존에 미치는 영향을 강조하려는 시도였다. 그런 신학자들은 21세에 들어서도 부활을 문자적, 육체적, 역사적으로 보기보다 그저 실존적 의미로 받아들이도록 유도하고 있다. 이와 관련되는 자유주의 신학은 예수의 십자가와 부활을 그 실제성보다 도덕과 윤리적 교훈으로 보도록 했던 것이다.

그러나 팀 켈러(Timothy J. Keller)는 『부활을 입다』(Hope in Times of Fear)라는 책에서 다음과 같은 이유로 부활이 실재했다고 주장했다. 첫째, 무덤이 비어 있었다. 둘째, 수많은 사람들이 부활하신 주님을 보았다고 증언했다. 셋째, 복음서 기자들이 그 내용을 기록했다.

부활에 대한 현대의 해석은 역사적 사건, 신앙적 메시지, 신화적 해석이라는 세 가지 주요 관점에서 다양한 변화를 겪어왔다. 초기 교회에서는 부활을 역사적 사실로 받아들였으며, 부활이 신앙의 핵심으로 자리잡았다. 하지만 근대 이후에는 신앙적 메시지와 신화적 해석을 통해 부활의 의미를 재조명하려는 시도가 있었고, 이런 경향은 현대 신학에서 심화되었다.

신학자들의 부활 논쟁 흐름

부활에 관한 신학적 논의는 초기 교회 시절부터 현대에 이르기까지 지속적으로 중요한 신학적 주제였다. 『예수의 부활』(The Resurrection of Jesus)의 저자인 마이클 리코나(Michael R. Licona)는 역사 방법론적 고려 사항을 적용해, 21세기에 나타난 신학자들의 예수 부활과 관련된 가설들의 흐름을 이렇게 정리한다.

① 게자 버미스(Geza Vermes, 1924-2013)

버미스는 예수의 부활 사건에 대해 명확한 결론을 내리지 않았다. 그는 예수가 죽은 자들 가운데서 부활했는지 여부를 '알 수 없다'고 주장하며, 부활을 단순히 신앙의 문제로 간주했다.

② 마이클 굴더 (Michael Goulder, 1927-2010)

굴더는 예수의 부활에 대한 초기 기독교인들의 신념을 역사 심리학에 의존하여 자연주의적으로 설명했다. 그는 초자연적 부활 사건조차 자연주의적 설명으로 이해할 수 있어야 한다고 주장했다. 부활의 기적적 요소에 회의적 입장을 취한 것이다.

③ 존 도미니크 크로산 (John D. Crossan, 1934-)

크로산은 초기 기독교 문헌의 상충된 보고들과 심리 상태를 분석하면서, 부활을 예수의 시체가 다시 살아난 사건으로 보는 것은 초기 기독교인들에게 '혐오감을 불러일으켰을 것'이라고 주장한다. 크로산은 바울이 '보편적 부활'이라는 유대교적 개념을 변형하여 부활을 하나의 상징적 은유로 사용했던 것이라고 본다. 그에게 부활은 물리적 사건이라기보다 예수의 가르침의 지속성, 그리고 신앙 공동체의 형성을 의미하는 은유적 표현에 가깝다.

④ 게르트 뤼데만 (Gerd Luedemann, 1946-2021)

뤼데만은 부활 신앙이 예수의 부활이라는 실제 사건이 아니라 환상적 인식(fantasy perception)에서 비롯되었다고 주장한다. '예수가 살아 있는 것처럼 본 것'은 초기 신자들의 마음에서 일어난 환각적 경험에 불과하다고 보는 것이다. 뤼데만은 부활 신앙의 기원이 '예수가 하나님과 함께 하늘에 있다'라는 상징적 확신에서 나왔다는 입장을 취한다.

⑤ 피에터 크래퍼트(Pieter F. Craffert)

크래퍼트는 성경의 기록을 진지하게 다루면서도 사회과학적 접근을 통해 자연적 관점에서 부활을 설명하려고 한다. 그는 성경의 부활 기록을 기적적 사건으로 보기보다 인간 경험과 사회적 맥락 안에서 이해하려 한다.

⑥ 데일 앨리슨(Dale Allison, 1955-)

앨리슨은 예수의 부활 사건을 역사적으로 인정하지만, 그 경험을 환영(ghost experience)이나 죽은 자와의 만남과 유사한 현상으로 이해한다. 그는 부활 후 예수의 출현에 대해, 초기 그리스도인들이 이것을 '시행착오학습'(trial-and-error learning)을 통해 점진적으로 이해했다고 주장한다.

성경 전체와 역사에서 핵심적 요소

제프 브래넌(Jeff Brannon)은 그의 책 『부활 성경신학』(The Hope of Life After Death: A Biblical Theology of Resurrection)에서 부활을 단순히 기독교의 한 부분으로 보지 않는다고 썼다. 부활이 성경 전체와 역사의 흐름 안에서 핵심적 요소라는 것을 다음과 같이 기술한다.

a. 창조와 생명

b. 타락과 죽음, 그리고 하나님의 구속의 약속

c. 모세오경과 역사서에 펼쳐지는 생명의 약속

d. 부활의 예언

e. 예수님의 생애, 사역, 십자가 죽음

f. 예수님의 부활

g. 새 생명으로 일으킴을 받은 교회

h. 미래의 부활

브래넌은 이와 같이 부활을 단순히 예수님 당시의 공시적 사건이 아니라 역사 속에 흐르는 통시적 사건으로 보았다. 그가 구속사를 논할 때는 창세기 1-3장에서 시작하여 요한계시록 21-22장까지 성경 전체를 통해 추적하며 예수 그리스도와 연결시킨다. 예수님의 부활에 대한 성찰로 시작하여 구약의 부활과 신약의 부활 신학으로 퍼지게 되었음을 기술한 것이다. 그러면서 발견한 것은 이런 것들이다.

a. 부활이 성경에서 본질적이고, 중심적인 교리다.

b. 부활 소망은 창조와 구속의 다른 모든 주제나 교리와 불가분하게 결부되어 있다.

브래넌은『마침내 드러난 하나님 나라』(Surprised by Hope)의 저자인 톰 라이트처럼 천국을 믿지 않거나 천국에 가기를 원하지 않는 전통적인 성도들을 깨우고 싶어하였다.

부활의 역사성을 의심해야 하는가?

무신론 철학자인 앤터니 플루(Antony Flew)와 기독교 변증가인 게리 하버마스(Gary Habermas)는『부활 논쟁』(Did the Resurrection Happen?) 책에서 예수의 부활에 대해 치열하게 논쟁한다. 이 책은 두 학자가 신앙, 역사성, 초자연적 사건의 가능성, 그리고 신학적 함의에 대해 상반된 입장에서 깊이 있는 토론을 벌이는 모습을 담고 있다. 두 사람이 나눈 논쟁의 핵심 쟁점은 다음과 같다.

첫째, 역사적 증거의 신뢰성이다.

하버마스는 예수의 부활을 역사적으로 검증할 수 있는 사건으로 보며, '최소 사실 논증'(The Minimal Facts Approach)을 통해 이를 증명하려 했다. 그는 예수가 죽었다는 사실, 무덤이 비어 있었다는 증거, 부활 목격자들의 증언, 그리고 초기 교회의 급격한 확산 등을 제시하면서 부활 사건을 합리적으로 설명할 수 있다고 주장했다.

그러나 플루는 신약성경 자체가 신앙적 동기를 갖고 작성된 문서이므로 객관적인 역사적 자료로 간주될 수 없다고 비판했다. 또한 초자연적 사건은 경험적인 검증이 불가능하다고 주장했다. 부활에 대한 증언은 심리적, 사회적 요인에 의해 왜곡되었을 가능성이 크다고 보았다.

둘째, 초자연적 사건의 가능성이다.

하버마스는 부활이 초자연적 사건이라는 이유만으로 배척되어서는 안 된다고 주장했다. 초자연적 사건이라는 것을 가정하지 않고서 부활을 논박하려는 것은 선입견에 기반한 접근이라고 본 것이다. 역사적 증거는 부활이라는 유일무이한 사건으로 가장 잘 설명된다고 믿었다.

그러나 플루는 초자연적 사건이 경험적으로 검증될 수는 없고 과학적 설명 체계와 양립할 수 없다고 보았다. 이것은 계몽주의, 합리주의, 자유주의 사상 이후 신학의 기저에 깔려 있는 사상의 경향이다. 이런 사상에 영향을 받았을 플루는 부활이 환각이거나 가짜 무덤설에 따른 것이라며 반박했다.

셋째, 반증 가능성이다.

플루는 '반증 가능성'에 관해 논했다. 모든 것은 반증이 가능해야 한다고 주장하는 것이다. 그러나 하버마스는 "그러면 부활을 믿지 못한다는 플루의 주장은 반증 가능성이 있는가?"라고 오히려 되물었다. 그러자 플루는 자신도 부활이 사실이 아니라는 자신의 말을 반증할 수 없음을 시인했다. 이 논쟁 이후에 플루는 변했다. 흥미롭게도 플루는 나중에 자신의 신앙적 입장을 바꾸어 『신은 존재한다』(God Does Exist)라는 책을 출간했다.

부활 신학의
역사적 흐름

04

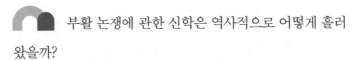   부활 논쟁에 관한 신학은 역사적으로 어떻게 흘러
왔을까?

초기 교부들의 부활 신학, 근대 신학자들의 부활 신학, 현
대 신학자들의 부활 신학 등으로 나누어 살펴본다.

초기 교부들의 부활 신학

초기 기독교에서 십자가 사건만큼 주목받은 것은 예수님의 부활이다. 초기 교부들은 부활을 기독교 신앙의 중심 교리로 확립하였으며, 예수의 부활을 인류 구속의 핵심 사건으로 이해했다.

초기 교부들에게 부활은 역사적 사건 이상이었다. 그들은 부활을 신자들에게 영적인 구속과 새로운 삶을 제공하는 중요한 신학적 개념으로 다루었다. 초기 교부들의 부활 신학을 각각 살펴보자.

① 클레멘트 (Clement, 150-215)

클레멘트는 초기 기독교 교부 중 한 사람인데, 부활을 단순한 기적이 아니라 구속적인 사건으로 보았다. 예수의 부활이 신자들에게 새로운 삶을 주는 중요한 사건임을 강조했고, 부활을 통해 신자들이 소망을 가질 수 있다고 말했다. 이는 부활이 단지 과거의 사건에 머물지 않고, 신자들의 현재와 미래에 중요한 영향을 끼친다는 점을 시사한다.

② 터툴리안(Tertulian, 155-240)

터툴리안은 부활을 육체적인 측면에서 강조했다. 그는 그리스도의 부활을 신자들의 부활을 위한 보증으로 보았다. 부활이 단지 영적인 체험에 그치지 않고, 실제적인 육체적 사건임을 주장했던 것이다. 이는 신자들이 육체적으로도 부활을 경험하게 될 것임을 의미하며, 그의 주장은 부활을 기독교 신앙의 핵심 교리로 확립하는 데 기여했다.

③ 오리겐(Origen, 185-254)

오리겐은 부활을 신비적이고 알레고리적인 방식으로 해석했다. 그는 부활을 단순한 역사적 사건을 넘어 영적으로, 인간을 우주적 차원으로 회복시키는 사건으로 보았다. 예수 그리스도의 신적 성품을 드러내는 사건으로서만 아니라, 전 우주적 차원에서 이루어지는 회복의 과정임을 강조했던 것이다. 오리겐은 부활을 구속의 완성으로 보았으며, 그리스도의 부활은 창조의 회복을 의미한다고 이해했다. 그저 역사적 사건으로 부활을 이해하는 데서 그치지 않고, 신자들이 신앙을 통해 영적으로 부활하는 과정을 강조했던 것이다.

④ 아타나시우스 (Athanasius, 296-373)

알렉산드리아의 아타나시우스는 그리스도의 부활이 신자들의 구속과 부활을 보장하는 사건이며 예수님의 신성과 인성을 동시에 드러내는 사건이라고 보았다. 그는 예수가 인류의 죄를 구속하기 위해 인간으로 오셨으며, 부활을 통해 인간의 회복과 신성의 연결을 실현한다고 주장했다. 부활을 통해 신자들이 영원한 생명에 참여하게 되며, 부활이 인간 존재의 회복과 구속을 의미한다고 강조했다. 아타나시우스의 부활 사상은 그리스도의 부활이 신자들에게 영원한 생명을 보장하는 중요한 사건임을 분명히 한 것이다.

근대 신학자들의 부활 사상

근대 신학은 18세기 계몽주의와 19세기 역사적 비평 방법의 영향을 받아들였다. 그러면서 부활 사상에 대한 전통적인 이해를 새롭게 조명하였다. 특히 근대 신학자들은 부활을 단순한 신화적 사건으로 보는 시각에서 벗어났다. 신학적 의미와 역사적 신뢰성, 신앙적 경험으로서의 부활을 탐구했다. 이러한 신학적 혁신은 부활이 단지 과거의 사건에 그치지 않고, 현재와 미래의 신앙적 삶과 연결된 신학적 주제로 발전되는 데 중요한 역할을 했다.

① 슐라이에르마허 (Friedrich D. E. Schleiermacher, 1768-1834)

슐라이에르마허는 신학적 체험으로서 부활을 강조하였다. 그는 부활 사건을 인간 존재의 신앙적 회복과 그리스도와의 관계 회복으로 보았으며, 부활을 예수의 구속 사역을 완성하는 신앙적 사건으로 해석했다.

② 알브레히트 리츨 (Albrecht Ritschl, 1822-1889)

리츨은 부활을 문자적으로 수용하기보다 신앙 공동체 내에서 예수의 영적 승리로 해석하는 데 방점을 두었다. 그는 부활 사건의 역사적 신뢰성에 대해선 비판적 시각을 유지했다. 예수의 부활 사건은 단지 영적 의미에서 중요하며, 당시 신자들에게 신앙적인 확신을 주기 위한 상징적 의미를 가지고 있다고 주장했다. 이런 리츨의 사상은 이후 '리츨 학파'에 의해 전수되었고, 차츰 부활을 역사적 사건으로 보지 않게 하였다.

③ 아돌프 폰 하르낙 (Adolf von Harnack, 1851-1930)

하르낙은 부활을 신앙의 경험으로 해석했다. 자유주의 신학자인 하르낙의 사상은 리츨에게 영향을 받은 것이다. 그도 부활을 단순히 역사적 사건으로 보기보다 신앙적 경험을 중심으로 하여 해석하였다. 하르낙은 예수의 부활이 예수에 대한 신앙 공동체의 확신을 강화하는 사건이며, 부활을 신자들이 실제로 경험하는 신앙적 체험으로 보았다. 이에 따라 신앙 공동체에서는 부활이 예수의 구속적 의미와 부합하는 사건으로 해석되어야 한다고 주장하였다.

④ 알버트 슈바이처 (Albert Schweitzer, 1875-1965)

독일 출신의 슈바이처는 20세기 초의 중요한 프랑스의 신학자이자 철학자로, 특히 예수의 부활에 대한 신학적 접근에서 큰 영향을 끼쳤다. 그는 자신의 주요 저서인 『역사적 예수』(The Quest of the Historical Jesus)에서 예수의 생애와 사상에 대한 비판적 연구를 진행했다. 특히 부활에 대해서는 두 가지 주요 관점을 제시했다.

a. 역사적 예수와 부활: 슈바이처는 예수의 부활에 대해 역사적 사건으로서의 사실 여부보다 부활이 신앙 공동체에서 어떻

게 형성되었는지에 주목했다. 부활을 예수의 죽음과 그에 대한 신앙적 해석이 결합된 신앙적 사건으로 보았다.

b. **부활의 신앙적 의미:** 슈바이처는 부활 사건이 역사적 사실이라는 점에 의존하기보다 예수의 제자들이 그의 죽음 후에 경험한 신앙적 확신과 관련이 깊다고 주장했다. 부활을 신앙 공동체 내에서 발생한 신앙적 경험의 결과로 본 것이다. 이런 슈바이처의 사상은 후대 자유주의 신학에 지대한 영향을 주었다.

현대 신학자들과 부활 사상

현대 신학에서 부활 사상은 20세기 초를 지나면서 신학적, 철학적, 역사적 맥락 안에서 다양한 논의가 이루어졌으며, 그 의미와 중요성에 대한 탐구가 지속되고 있다. 이에 따라 부활 사건은 단순히 과거의 역사적 사건에 그치지 않고 기독교 신앙의 중심 주제로, 또한 인간 존재와 구원의 의미를 새롭게 조망하는 신학적 주제로 자리잡았다.

현대의 신학자들은 부활을 역사적 사실로 인정하는 동시

에 그 신학적 의미와 신앙적 경험에 대한 깊은 성찰을 제시해왔다. 이러한 논의들은 기독교 신앙의 본질과 현대 세계에서의 의미를 이해하는 데 중요한 기초를 마련한다.

① 루돌프 불트만(Rudolf Bultmann, 1884-1976)

불트만은 20세기 신학에서 가장 중요한 인물 중 하나로 꼽히는데, 특히 부활 사건에 대한 그의 해석은 신학적 논쟁을 일으켰다. 부활 사건을 역사적 사실로 접근하기보다 신화적 해석의 차원에서 접근했기 때문이다. 현대의 신학적 접근은 과학적 사고와 역사적 비평을 바탕으로 한 것이므로, 부활 사건을 문자 그대로 받아들이기 어렵다고 주장하였다. 대신에 신앙 공동체가 예수의 메시지와 존재를 계속해서 경험하고, 그리스도를 영적으로 만나는 신앙적 사건이라고 부활을 해석했다.

불트만이 강조한 개념이 소위 비신화화(Demythologization)인데, 이것은 성경의 신화를 현대인의 언어로 풀어내는 과정이다. 여기에서는 부활 역시 신화적 요소가 포함된 사건으로 간주되며, 부활의 진정성은 역사적 사건의 실재성보다 예수의 구속적 의미를 깨닫는 신앙적 경험에 있다고 주장하였다.

이러한 그의 해석은 기독교 신앙의 중심적 교리인 부활을 신화적 진리로 받아들이게 했고, 그것이 현대인의 신앙과 어떻게 연관될 수 있는지에 대해 깊은 질문을 던졌다.

② 에른스트 케제만(Ernst E. Kasemann, 1906-1998)

루돌프 불트만과 에른스트 케제만은 부활을 역사적 사실로 받아들이기보다 신앙적 메시지로 이해했다. 하지만 접근 방식에는 뚜렷한 차이가 있었다. 케제만은 불트만의 제자였지만 스승과 생각이 조금 달랐다.

불트만은 부활을 문자 그대로의 역사적 사실로 보지 않고 신화적 언어로 해석했다. 그는 부활 사건이 신약성경에 담긴 신앙적 메시지로, 물리적인 증거를 넘어 현대인의 실존적 경험과 연결된다고 주장했다. 부활을 신앙의 깊이를 표현하는 상징적인 사건으로 이해했으며, 역사적 사실이기보다 신앙적 진리를 전달하는 신학적 메시지로 강조했다. 이런 불트만의 신화적 해석은 당시 신학계에서 큰 논란을 일으켰으며, 역사적 사실을 중요시하는 신학자들과 신앙적 메시지를 강조하는 신학자들 사이에 갈등을 불러 일으켰다.

반면, 케제만은 불트만의 신화적 해석에 비판적이었다. 부활을 단순히 신화적이거나 상징적인 사건으로 축소하는 것을 거부하며, 부활 사건이 역사적이고 구속적인 사건임을 주장했다. 부활을 단순한 신앙적 고백을 넘어 그리스도의 구속적 사건으로 이해했던 것이다. 그는 부활이 신앙의 핵심이자 역사적으로도 중요한 사건이라고 강조했다. 따라서 신앙과 역사적 사실을 분리하지 않았고, 역사적이고 신학적인 차원 모두에서 부활을 중요한 사건으로 이해했다.

불트만은 부활의 역사적 사실이 신앙의 근본을 이루지 않는다고 보았다. 부활 사건은 물리적 증거를 넘어 신앙적 진리를 담고 있다고 주장했다. 또한 부활은 신앙 공동체의 경험이며, 신앙의 진리를 실존적으로 이해하는 것이 중요하다고 보았다. 반면 케제만은 부활을 그리스도의 사역을 완성하는 구속적 사건으로 보고, 그것이 신앙의 기초임과 동시에 핵심이며 역사적 사건임을 강조했다. 불트만이 신화적이고 실존적 차원에서 부활을 이해했던 반면, 케제만은 신앙과 역사적 사실을 결합하려는 노력을 기울였다.

③ 칼 바르트 (Karl Barth, 1886-1968)

바르트는 20세기 기독교 신학의 대표적인 신학자로, 그의 부활 신학은 하나님과 인간의 관계, 특히 예수 그리스도의 구속 사역을 중심으로 전개된 것이다. 부활에 관한 그의 신학은 성경적 계시와 하나님의 주권적이고 역사적인 개입을 중시한다.

a. **부활과 예수 그리스도 구속의 완성**: 바르트에게 부활은 예수 그리스도가 구속 사역을 완수한 표징이며, 인간을 위한 구속이 하나님에 의해 완전히 이루어졌음을 나타낸다. 예수의 부활은 하나님의 구속적 계획의 성취로, 죽음과 죄의 권세를 이기고 새로운 창조의 시작을 의미한다.

b. **부활을 통한 하나님과 인간의 관계 회복**: 바르트에게 부활은 인간이 하나님과의 관계에서 완전한 화해를 경험하는 사건으로, 이 화해는 예수 그리스도를 통해 이루어진다. 예수의 부활은 예수가 죽음과 죄를 극복한 사실이며, 인간이 새로운 삶을 시작할 수 있는 기회를 얻은 사건이다.

c. **신앙 공동체의 핵심 사건**: 바르트는 부활을 신앙 공동체의 핵심 사건으로 본다. 부활이 단순히 역사적 사건이 아니라 신앙 공동체가 경험하는 살아 있는 하나님과의 만남이며, 이를 통해 신앙은 실제적이고 구체적이게 된다.

④ 위르겐 몰트만 (Jurgen Moltmann, 1926-2024)

몰트만은 이른바 '희망의 신학'으로 잘 알려져 있으며, 부활 신학을 인간의 궁극적인 희망과 연결했다.

a. **현재와 미래의 희망으로서의 부활**: 몰트만에게 부활은 단순한 과거의 역사적 사건이 아니라 현재와 미래의 희망을 열어주는 사건이다. 그에게 부활은 예수 그리스도의 죽음과 부활을 통해 인간과 세상에 대한 하나님의 구속적 계획이 시작된 사건으로, 이는 인간 존재의 궁극적인 희망을 제시한다.

b. **부활을 통한 구속의 보편성**: 몰트만은 부활을 인간뿐만 아니라 모든 창조물이 하나님과의 화해를 이루는 사건으로 해석한다. 그는 부활이 단순히 예수를 통한 개인의 구속을 넘어 인류와 모든 창조 세계의 구속을 예고한다고 주장했다. 따라서 부활은 구속의 보편성을 강조하며, 모든 존재가 하나님과의 관계에서 회복될 가능성을 열어준다.

c. **희망의 현실화로서의 부활**: 몰트만에게 부활은 단지 미래의 희망만이 아니다. 현재의 현실에서 하나님의 구속과 변화를 경험할 수 있음을 의미한다. 그는 부활을 통해 하나님의 사랑과 정의가 실현되며, 이는 현재의 고난과 절망 속에서도 희망을 잃지 않게 만든다고 보았다.

⑤ 볼프하르트 판넨베르크 (Wolfhart Pannenberg, 1928-2014)

판넨베르크는 부활이 기독교 신앙의 핵심 사건이자 신학적으로 역사적 사실이라는 점을 중요한 논리적 전제로 삼고, 그 역사적 진실성을 논리적으로 입증하려 했다.

a. **역사적 사실로서의 부활:** 판넨베르크는 부활을 단지 신앙의 상징이 아니라 역사적 사건으로 보았으며, 이를 신앙의 진리를 증명하는 중요한 근거로 삼았다. 그에게 부활은 예수 그리스도의 신성과 인성을 드러내는 역사적 증거로, 그 사건을 통해 하나님이 인간 역사 속에 개입하였음을 입증한다고 보았다.

b. **신앙과 이성의 결합을 통해 이해 가능한 부활:** 판넨베르크는 부활의 역사적 사실이 신앙과 이성의 결합을 통해 이해될 수 있다고 보았다. 그의 입장은 이성에 의해 신앙이 증명될 수 없다는 것이지만, 부활 사건이 이성적인 논리로도 타당하게 받아들일 수 있는 역사적 사건으로 해석될 수 있다고 주장했다.

c. **부활을 통해 새롭게 시작되는 세계:** 판넨베르크는 부활을 예수만의 사건이 아니라 새로운 창조 세계를 여는 중요한 사건으로 보았다. 하나님께서 부활을 통해 새로운 세계를 시작하

셨고, 이 세계의 종말에는 결국 모든 것이 부활의 빛 아래에서 회복되고 구속될 것이라고 보았다.

새 관점 학파의 부활 해석

① 에드 샌더스 (Ed P. Sanders, 1937-2022)

새 관점 학파에서 첫 번째로 알아볼 신학자는 그 중에서도 대표격인 샌더스이다. 역사적 부활에 대한 샌더스의 이해는 이전과 매우 달랐다. 그는 부활에서 언약적 신실성을 강조했다. 유대교의 '언약적 율법주의'(covenantal nomism) 개념을 통해 바울의 부활 신학을 조명했던 것이다. 그는 유대교의 율법에서 은혜의 개념인 언약적 율법주의를 말했는데, 하나님께서 언약에 신실하심을 드러낸 사건이 부활이라고 보았다. 예수의 부활은 하나님께서 이스라엘과 맺은 언약을 성취하고, 유대인과 이방인을 포함한 새로운 언약 공동체를 창조하는 데 중요한 역할을 한다고 주장한 것이다.

샌더스는 예수의 부활을 단순한 신앙의 고백으로서만 아니라 역사적 사실로도 인정했다. 다만 그는 이 사건이 단지 초자연적이고 기적적인 일로만 이해되어서는 안 된다고 경고했다. 부활을 예수의 신성을 증명하는 증거로만 해석하는 기존의 관점과 달리, 예수의 가르침과 사역을 완성하고 확립하는 사건으로 이해한 것이다. 다시 말하면, 부활이 예수의 신성을 입증한 것에 그치지 않고, 예수의 메시지와 사역을 온전히 성취한 신학적 사건이라는 것이다.

샌더스는 부활이 초기 기독교 공동체의 형성과 발전에 결정적인 영향을 미쳤다고 보았다. 다만 그는 부활의 의미에 대한 해석은 당대 공동체가 처한 신학적이고 사회적인 맥락 안에서 이루어져야 한다고 주장했다. 즉, 부활이 개인적 믿음에 국한되지 않고, 공동체 전체에 구속사적 메시지를 형성하고 전달하는 데 중요한 역할을 했다는 것이다.

샌더스는 이와 같이 부활 사건 자체에 초점을 맞추기보다, 이 사건이 당시 신앙 공동체에게 구속의 메시지를 어떻게 전달했는지를 분석하는 데 중점을 두었다. 그에게 부활은 역사적 사실일 뿐만 아니라 신학적으로도 초기 공동체의 신앙과 실천을 형성하는 핵심 사건으로 평가된 것이다. 따라서 샌더스는 예수의 부활을 초자연적 기적이나 신성의 증거로만 한정하지 않았다. 부활을 역사적 사실로 인정하면서도 초기 기독교 공동체의 신앙과 신학을 형성하는 구속적 사건으로 이해했던 것이다. 이런 샌더스의 접근은 부활을 더 넓은 역사적, 사회적, 신학적 맥락에서 조명하려는 시도로 평가받는다.

② 제임스 던 (James D. G. Dunn, 1939-2020)

두 번째로 알아볼 새 관점의 학자는 제임스 던이다. 던은 부활을 성령과 밀접한 관계 안에서 접근했다. 그는 예수의 부활과 성령이 밀접히 연결되어 있으며, 이를 통해 형성된 신자 공동체가 부활 신앙의 구체적인 표현이라고 주장했다. 그의 견해에서 부활은 단순히 예수 그리스도의 승리나 개인적 구원의 보장만이 아니다. 교회라는 공동체를 통해 하나님의 구원 역사가 현실화되는 사건이다.

특히 던은 부활과 성령을 분리할 수 없는 사건으로 본다. 예수의 부활은 단순한 육체적 회복이 아니라 성령의 능력으로 이루어진 새로운 생명 형태를 드러내는 것이다. 그에게 성령은 예수의 부활을 통해 하나님의 구원 계획을 성취하고, 신자들에게 부어져 공동체를 형성하며, 그리스도의 몸된 교회를 세우는 분으로 이해된다. 부활을 통해 성령의 공동체가 형성되었기 때문이다. 고로, 던에게 부활 사건은 단순히 개인적 믿음의 문제를 넘어 신자들이 하나님의 백성으로서 새로운 공동체를 형성하는 기초가 되는 것이다.

던은 또한 부활이 미래의 사건이자 현재의 삶에 깊이 뿌리내려야 한다고 주장한다. 신자들은 단순히 부활을 기다리기만 하는 것이 아니라 부활의 능력을 통해 현재의 삶 안에서 하나님 나라의 가치를 살아가야 한다고 말한다. 따라서 그의 부활 신학은 부활을 단지 개인적 사건으로 제한하지 않고 성령을 통한 공동체 형성과 하나님 나라의 실현이라는 측면에서 확장시킨다. 던에게 부활은 단지 과거에 일어난 사건이 아니다. 현재의 교회를 통해 세상 안에서 실현되는, 구체적이고 살아 있는 것이어야 한다.

③ 톰 라이트 (Tom Wright, 1948-)

세 번째로 알아볼 새 관점의 학자는 톰 라이트이다. 톰 라이트는 현대 신학에서는 물론이요, 특히 부활에 대한 신학적 접근에서 매우 중요한 인물이다. 그는 부활을 역사적 사건으로 확신하며, 이것이 기독교 신앙의 핵심이라고 주장한다.

톰 라이트는 부활 사건을 예수 그리스도의 신성을 증명하는 사건으로 보며, 또한 예수의 가르침이 완전하게 성취된 사건으로 본다. 예수의 부활이 단지 신앙적 상징이나 영적 체험이 아니라 실제의 역사적 사건이므로, 그 신학적 의미가 크다고 강조한다.

톰 라이트는 부활을 예수 그리스도의 구속 사역이 완성된 사건으로 간주하며, 인간의 죄와 죽음을 극복하고 하나님의 왕국이 임하는 증거로 본다. 그의 부활론은 역사적 비평과 신앙적 실재를 통합하는 중요한 신학적 접근으로, 부활이 신자들의 삶에 미치는 지속적인 영향을 강조한다.

톰 라이트는 부활을 역사적 사건이자 신앙적 경험이며 신학적 의미가 얽힌 복합적인 사건으로 이해하였다. 이를 통해 부활이 단순히 과거의 사건에 그치는 것으로 간주되지 않게 되었고, 현재와 미래의 신앙적 삶에 큰 영향을 미치는 중요한 신학적 주제로 자리잡게 되었다.

3부

부활 인정의
증거들

Revival Debate

다섯 가지
부활의 증거

05

리 스트로벨(Lee Strobel)은 『리 스트로벨의 부활의 증
거: 5가지 부활의 증거와 확신』(The Case for Christ: A Journalist's
Personal Investigation of the Evidence for Jesus)이라는 그의 책
에서 예수의 부활이 역사적으로 사실임을 말한다. 이 책은
영화 〈예수는 역사다〉(2017)로 제작되기도 했다. 영화의 주
인공은 트리뷴 지의 최연소 기자로 입사하여 빠르게 능력을
인정받은 기자였다. 바로 리 스트로벨이었던 것.

스트로벨은 어느날 가족과 함께 외식을 하고 있었는데, 그의 딸이 갑작스럽게 숨을 쉬지 못하여 죽을 위기에 처했다. 다행히 근처에 있는 어느 크리스천 간호사의 도움으로 기적적으로 살아났다. 이후 아내는 그 간호사의 인도를 받아 신앙을 갖게 된다. 하지만 무신론자로서 이성적인 근거를 중시하던 스트로벨은 아내의 신앙을 이해할 수 없었다. 그는 이성적으로 납득할 수 있는 증거를 찾게 된다면 아내의 '미신적인 신앙'을 인정할 수 있을 것이라고 생각했다. 그리하여 예수 그리스도의 신성과 부활에 대해 연구하기 시작했다. 전문가들의 의견과 수많은 증거들을 모으기 시작했다. 그러던 중, 그는 억울하게 누명을 쓰고 기소된 힉스의 사건을 취재하면서 사실과 믿음 사이에 문제가 있다는 것을 감지하기 시작했다. 갈등을 겪던 스트로벨은 그 와중에도 예수의 부활이 거짓이라는 증거를 찾으려 한다. 하지만 결국 그 모든 과정에서 들은 증언들에서 놀라운 진실을 발견하게 된다. 부활을 믿지 못했던 스트로벨의 마음을 흔들었던 주요 증언들은 다음과 같다.

① 리버티신학교 신약학 교수 게리 하버마스의 증언

"예수의 부활을 실제로 목격한 사람들의 증언은 과연 진실인가?" 스트로벨은 이 질문을 들고서 예수의 부활에 관해 최고 권위자로 불리는 게리 하버마스(Gary R. Habermas) 박사를 찾아갔다. 하버마스는 기적을 증명해야 부활이 증명된다는 스트로벨의 생각을 반박하며, 예수 부활에 대한 역사적 기록들이 명백히 존재한다고 말했다. 하버마스가 말해준 기록들은 이런 것이었다.

예수의 부활을 증언하는 기록은 십자가 사건 이후 수십 년 혹은 수백 년이 지난 것이 아니었다. 부활 이후 겨우 몇 달 이내의 증언들이다. 수십 년 또는 수백 년이 지나 기록된 것이라면 조작되었거나 상상에 의한 것일 수도 있지만, 몇 달 이내에 기록된 것이라면 사실이 아니겠느냐는 말이었다. 게다가 500명 이상의 사람들이 예수를 보았다. 또한 로마 시대에 수많은 기독교인들이 박해를 받았는데, 만약 부활이 거짓이었다면 당시의 신자들이 사도 바울처럼 기꺼이 죽음을 택했을 것이냐고 박사는 반문했다.

② 고고학자 마르케즈 신부의 증언

"예수 부활을 목격한 이들의 증언을 옮겨 쓴 필사본은 믿을 만한 것인가?" 스트로벨은 고고학자로서 명성을 떨쳤던 마르케즈(Marquez) 신부를 찾아가 이 질문을 했다. 마르케즈는 예수 부활을 목격한 사람들의 증언을 옮겨 기록한 필사본에 대해 신뢰할 수 있다고 답했다. 사본이 많고 오래될수록 더 신뢰할 수 있다는 점을 강조하기도 했다. 마르케즈는 그 예로 마케도니아에서 발굴된 호머의 일리아드 그리스어 사본을 스트로벨에게 보여주었다. 일리아드의 사본은 1,565개가 넘는다. 그 중 일부는 BC 800년에 쓰인 것이라는 사실도 언급했다. 그런데 성경의 신약 그리스어 사본은 무려 5,843개다. 일리아드의 사본보다 4배나 더 많다는 점을 들어 성경의 신빙성과 신뢰성을 강조한 것이다. 마르케즈는 자신이 소장한, 기원후 2세기에 고대 이집트에서 발견된 요한복음 사본의 일부를 스트로벨에게 보여주기도 했다. 그것이 기록된 시기가 원본이 기록된 때와 30년이 채 안 된다는 설명도 덧붙였다.

③ 세계적 성서학자 빌 크레그 박사의 증언

"예수는 부활한 것이 아니라 처음부터 죽지 않았던 것이 아닐까?" 리 스트로벨은 빌 크레그를 만나 예수의 부활에 대한 이 의문을 제기했다. 크레그는 예수가 무덤에 묻혔다는 사실이 역사적으로는 최초의 기록이라고 말했다. 당시 로마인들이 처형된 시체를 개들에게 던져주었다는 주장이 있었지만, 그럼에도 불구하고 처형 후에 매장이 허용된 경우가 종종 있었다고 했다. 그 중에 예수가 포함되었다고 설명했다.

스트로벨은 내친 김에, 예수의 빈 무덤을 보고 증언한 사람들이 모두 여자였다는 점에 대해 질문했다. 당시로선 신뢰받지 못한 여성의 증언이지 않느냐고 따진 것이다. 하지만 크레그는 유대 전통에서 여자의 증언이 인정되지 않았다는 점을 오히려 반론으로 들었다. 만약 예수의 빈 무덤이 거짓이라면 당시로선 신뢰받지 못했던 여자들을 왜 증인으로 내세웠겠느냐는 반론이었다. 이것이 역설적으로, 충분히 논박하기 어려운 부활의 확실한 증거라는 것이다.

④ 미국 국립 신장폐혈액연구소 전문의, 메드럴의 증언

"예수는 의학적으로 죽지 않았고, 따라서 부활도 없었다"

라는 주장에 대한 스트로벨의 질문과, 그에 대한 의사 알렉산더 메드럴(Alexander Metherell)의 반박이다. 예수의 죽음에 대해 '기절설'을 주장하는 무신론자들이 많았는데, 그들은 예수가 처음부터 죽은 것이 아니라고 주장했다. 이에 대해 메드럴은 예수의 죽음이 분명히 의학적으로 확인될 수 있는 사실이라며, "예수는 옆구리를 찔리기 전에 피와 물을 흘린 것으로 보아 죽은 것이 확실하다"라고 말했다. 이 사실은 현대의 의학 지식에 부합하며, 예수가 십자가에서 죽지 않았다는 주장은 의학적으로 옳지 않다고 설명했다.

결국 스트로벨은 자신의 고집을 내려놓게 되었다. 아내와 종교적인 갈등을 겪는 가운데 아내의 신앙을 보게 되었고, 예수가 부활하였고 지금도 살아계심을 확신하게 되었다. 이후 그는 목회자의 길을 걷게 된다. 이상이 리 스트로벨이 주인공인 영화의 줄거리이며, 그의 책의 주요 내용이기도 하다.

부활에 관한 역사적, 철학적, 과학적 증거

리 스트로벨의 책『리 스트로벨의 부활의 증거: 5가지 부활의 증거와 확신』은 처음에는 비기독교인의 관점에서 시작하지만, 저자가 기독교 신앙에 대해 깊이 탐구하는 과정을 거치면서 예수의 부활에 대해 확신하게 되는 자전적 탐구의 이야기이다. 예수의 부활이 단순한 신앙의 영역을 넘어 역사적 사실에 근거한 사건이라는 걸 입증하려는 목적을 가지고 있다.

스트로벨은 처음에는 부활을 믿지 못했다. 부활이 그저 전설이거나 착각이라고 생각했다. 그러나 그가 부활에 관해 연구하면서 생각이 바뀌었다. 지금도 불신자들 중에는 스트로벨처럼 생각하는 사람이 많을 것이다. 하지만 예수의 부활에 대해 그가 탐구한 다섯 가지 증거를 보게 되면 생각이 바뀌는 사람들이 또한 있을 것이다. 스트로벨이 발견한 부활에 대한 증거는 무엇일까?

① 부활의 증거 1: 빈 무덤

스트로벨은 예수의 부활을 증명하기 위한 첫 번째 중요한 증거로 빈 무덤을 제시한다. 만일 예수의 시체가 부활하여 사라진 것이라면 무덤이 비어 있다는 사실이 강력한 증거가 된다고 주장한다. 빈 무덤은 예수의 부활을 주장하는 초기 기독교인들의 신념과 기록들이 사실에 근거하고 있다는 것을 보여주는 것이기도 하다. 예수의 부활을 부인하려는 사람들은 언제든지 무덤을 공개하여 그의 시체가 여전히 거기에 있음을 증명할 수 있었다. 하지만 어떤 증거도 제시하지 않았다. 그런 점에서 빈 무덤은 부활의 중요한 증거로 작용한다.

폴 비슬리 머레이(Paul Beasley-Murray)는 『부활』(The Message of the Resurrection)이라는 책에서 복음서에 나오는 네 개의 기사 모두에 공통으로 등장하는 여인이 막달라 마리아라고 말한다. 복음서 기자들도 다수의 사람이 빈 무덤에 관해 증언하고 있음을 강조한다. 특별히 여자들은 당시로선 증인으로 나서기에 존재감이 크지 않았다. 그런데도 그런 여인들을 복음서 기자들이 증인으로 세운 것은 현명한 방법이 아니었다고 말한다. 만일 빈 무덤을 본 증언이 조작이라면, 좀 더 신뢰감이 가는 남자나 로마 군인, 혹은 다른 인물을 설정했어야 한다고 기술한다.

② 부활의 증거 2: 부활을 목격한 수많은 자의 증언

스트로벨은 예수의 부활을 목격한 증인이 다수였음을 부

각시킨다. 그는 부활 사건을 경험한 500명 이상의 목격자가 있었다는 사실을 언급하며, 이들이 부활을 증언하는 것은 매우 중요한 역사적 사실로 간주되어야 한다고 주장한다. 몇 명이라면 작당하고 입을 모아 거짓 증언을 남길 수도 있겠지만, 500명 정도는 진실이라고 보아야 한다는 것이다. 이 다수의 목격자의 증언은 기독교의 초기 성장을 뒷받침하는 강력한 증거로 사용된다.

③ 부활의 증거 3: 부활 후에 변화된 제자들

스트로벨은 예수의 제자들이 부활 사건 후에 극적으로 변화한 점을 언급한다. 제자들은 예수가 십자가에서 죽은 뒤에 두려움에 떨고 숨었으나, 예수의 부활 후엔 공공연하게 예수를 증거했다. 결국 순교까지 당했다. 제자들의 변화는 예수의 부활이 사실이었다는 강력한 증거로 작용한다.

④ 부활의 증거 4: 부활 사건에 대한 초기 교회의 기록

부활 사건에 대한 기록이 기독교 초기에 이미 존재했다는 사실은 예수의 부활을 뒷받침하는 중요한 증거로 제시된다. 스트로벨은 사도 바울의 서신과 복음서들에서 예수의 부활이 중심적인 교리로 다루어졌음을 강조한다. 특히 바울이 고린도전서 15장 3-8절에서 언급한 부활의 목격자들의 목록은 부활이 교회 창립 초기에 핵심 교리였다는 증거로 작용한다.

정명호는 『십자가와 부활의 복음』 책에서 예수가 십자가에서 죽임을 당하고 부활하신 것을 통해 우리가 토요일인 안식일이 아니라 주일에 예배하는 공동체가 된 것을 말한다. 주일 예배가 부활 사건을 기념하는 것을 넘어 초기 교회 공동체의 정체성을 형성한 결정적 사건으로 간주된 점을 강조한 것이다. "예수께서 안식 후 첫날 이른 아침에 살아나신 후…"(막 16:9).

예수의 부활 사건은 바울에게도 깊은 영향을 미쳤다. 정명호는 바울 신학의 핵심에 부활 신앙이 자리잡고 있음을 강조하면서, 바울이 예수의 죽으심과 다시 살아나심을 명확히 언급하고 있다고 기술한다. 이는 자유주의 신학자들의 주장, 즉 바울 신학에서 부활 신앙이 희미하다는 견해를 반박하는 논리로 이어진다.

클라이드 L. 필킹턴 주니어(Clyde L. Pilkington, Jr.)는 『죽은 자 가운데서 부활이란 무엇인가?』(The Out-Resurrection)

라는 책에서 바울이 이전과 다른 부활에 관해 논했음을 말한다. 바울이 빌립보서 3장에서 '아나스타시스'(anastasis)와 '엑스아나스타시스'(ex-anastasis)를 비교하며 부활의 깊이를 논한 것에 특히 주목한다. 바울이 "그리스도와 그 부활의 권능과 그 고난에 참여함을 알고자 하여 어떻게 해서든지 죽은 자 가운데서 부활에 이르려 하노니"(빌 3:10-11)라고 말하면서 엑스아나스타시스의 특별한 의미를 강조했다는 것이다. 엑스아나스타시스는 '죽은 자들의 자리에서 벗어나는 특별한 부활'을 뜻하며, 이는 성도가 부활을 통해 영광스러운 새 생명으로 들어감을 보여준다.

⑤ 부활의 증거 5: 부활에 대한 법학적, 역사적, 의학적 증거

스트로벨은 예수의 부활을 부정하는 여러 시도들을 언급하면서, 예수를 죽인 종교 지도자들이 부활을 부인하려 했음에도 불구하고 부활 사건이 여전히 전파되어 왔다는 사실을 중요한 증거로 제시한다. 종교 지도자들은 부활의 소식이 확산되는 것을 막으려 했지만, 그들의 노력에도 불구하고 결국 기독교는 확산되었다.

스트로벨은 그의 책 『리 스트로벨의 부활의 증거: 5가지 부활의 증거와 확신』에서 법학자, 역사학자, 과학자 등 전문가들의 의견을 들어 예수 그리스도의 부활에 관한 법학적, 역사적, 과학적 증거를 제시한다.

a. **법학적 증거**: 스트로벨은 법학적 관점에서 예수의 부활 사건을 분석했다. 법정에서의 증언과 증거 능력에 대해 연구하면서, 부활 사건을 법적 증거로 다루었을 때 부활이 어떻게 역사적 사실임을 입증할 수 있는지를 논한 것이다.

b. **역사적 증거**: 스트로벨은 역사적 증거를 중심으로 부활 사건을 분석하기도 했다. 역사학자들의 연구와 증언을 통해 부활 사건이 당시의 사회와 역사적 배경 안에서 어떻게 발생했는지 설명하며, 부활 사건을 단순한 전설로 간주하기 어렵다는 점을 강조한 것이다.

c. **과학적 증거**: 스트로벨은 과학적 관점에서도 예수의 부활을 분석하는 시도를 했다. 과학이 신앙의 영역을 완전히 설명할 수는 없지만, 과학적 방법을 통해 부활 사건의 가능성을 논의할 수 있다는 것이다. 결과적으로 부활이 물리적으로 불가능하다고 여겨지지는 않는다고 주장했다.

리 스트로벨 개인의 변화

스트로벨은 부활에 대한 자신의 회의적인 관점에서 출발한다. 하지만 증거를 조사하면서 점차 예수의 부활을 사실로 받아들이게 되는 과정을 상세히 서술한다. 그의 탐구 여정은 신앙을 가진 사람들과 믿지 않는 사람들 사이의 갈등을 해결하는 일에서 중요한 사례로 작용한다. 결국 스트로벨은 부활 사건이 기독교 신앙의 핵심이며, 이를 믿는 것이 진리를 추구하는 올바른 길임을 확신하게 된다.

스트로벨은 결론으로 예수 그리스도의 부활을 둘러싼 증거들을 종합적으로 다룬다. 다양한 전문가들의 증언과 실증적 증거들을 통해, 예수의 부활이 단순한 신화가 아니라 기독교 신앙의 근본적 기초이며 역사적 사실임을 독자들에게 확신시킨다.

비기독교의 역사,
외경, 위경의 부활 증거

06

 ## 비기독교 역사의 부활 논쟁

마이클 리코나(Michael R. Licona)는 『예수의 부활』(The Resurrection of Jesus)이라는 책에서 예수의 죽음에 대한 기독교 외부의 증거를 제공하며, 비기독교의 자료도 기독교 문헌과 상호 보완적인 역할을 하고 있다고 기술한다. 그가 소개한 비기독교의 역사적 자료는 이런 것이다.

① 로마 역사가인 타키투스(Tacitus)는『연대기(Annals)』에서 예수(Christ)가 티베리우스 황제 치하에서 본디오 빌라도에 의해 처형되었음을 기록했다. 이는 예수의 십자가 처형이 역사적 사실임을 뒷받침한다.

② 유대 역사가인 요세푸스(Josephus)는『유대 고대사』(Antiquities of the Jews)에서 예수의 십자가 처형과 초기 기독교 공동체에 대해 언급한다. 특히 '그는 기적을 행한 사람'이라는 구절은 예수의 독특성을 간접적으로 나타낸다.

③ 로마 총독 플리니우스(Pliny the Younger)는 황제에게 보낸 편지에서 초기 기독교인들이 매주 예수께 찬송하며 모였다고 기록했다. 이는 예수의 부활이 초기 기독교 신앙의 중심에 있었음을 암시한다.

④ 루키아누스(Lucian of Samosata)는 초기 기독교를 풍자한 사람인데, 기독교인들이 십자가에 못 박힌 예수를 신으로 숭배했음을 기록한다.

외경에 나타난 부활

초기 기독교 외경에서 부활 신앙의 흔적을 확인할 수 있다. 외경은 개신교 정경에서 제외되었지만, 가톨릭과 동방정교회에서 일부가 정경으로 인정되는 문서다. 이런 외경에 나타난 부활 내용과 증거는 다음과 같다.

① '이사야 승천기'(Ascension of Isaiah)는 예언자 이사야의 환상을 통해 천상의 세계와 그리스도의 강림과 부활을 묘사하는 문헌이다. 이 문서에서 예수의 부활은 사탄과 어둠의 세력을 물리치고 영광스러운 승리를 이루는 사건으로 서술된다. 또한 예수가 십자가에서 죽임을 당한 후 삼일 만에 부활하여 하늘로 승천하는 과정이 강조되며, 부활은 하나님의 구속 계획의 절정으로 나타난다.

② '베드로 묵시록'(Apocalypse of Peter)은 부활 이후의 최후 심판과 천국의 모습을 상세히 묘사한다. 이 문서에서 부활은 최후의 부활과 연결되며, 의인들이 영광스럽게 부활하여 하나님의 나라에서 영원히 살게 될 것을 약속한다. 예수의 부활은 신자들의 부활에 대한 보증으로 나타나며, 부활 신앙은 심판과 구원의 희망을 제공하는 핵심 요소로 강조된다.

③ '에스라 5서'(5 Ezra)로 알려진 외경은 부활 신앙이 구약적 전통에서 기독교 신앙으로 확장되는 과정을 보여준다. 이 문서에서는 부활이 종말론적 맥락에서 등장하며, 죽은 자들이 하나님에 의해 다시 일으켜져 심판을 받는다고 기록돼 있다. 의인들에게는 생명의 보상이, 악인들에게는 영원한 형벌이 주어진다고 기록된 점에서, 이 외경에서도 부활은 종말론적 신앙의 핵심 요소로 제시된다.

④ '사도 서신'(Epistles of the Apostles)은 초대교회의 사도들이 예수의 부활과 관련된 신앙을 고백하며, 이를 신자들에게 전하는 내용을 담고 있다. 이 문헌에서는 그리스도의 부활이 신자들에게 부활의 소망을 제공하며 공동체의 중심 신앙으로 자리잡고 있음을 강조한다. 특히 예수의 부활을 통해 죽음이 극복되고 생명의 길이 열렸음을 확언하며, 부활이 구원의 핵심 사건임을 설파한다.

종합적으로 보면, 이 외경 문헌들은 모두 부활을 초대 기독교 신앙의 필수적 요소로 묘사하고 있다. 또한 당시의 신학적 관심과 종말론적 기대를 반영하고 있다. 이 문헌들에서는 예수의 부활이 단순한 사건이 아니라 구원사에서 중심적이고 필연적인 역할을 하는 사건으로 강조되며, 성도들에게는 영원한 생명과 희망의 근거를 제공한다. 이를 통해 외경에서도 부활 신앙이 얼마나 강력하게 자리잡고 있었는지 확인할 수 있다.

위경에 나타난 부활

위경(Pseudepigrapha)은 일반적으로 성경의 저자로 알려진 인물의 이름을 도용하여 작성된 문서들을 말한다. 'Pseude'는 '가짜'를 뜻한다. 초기 기독교 문헌 중에서 정경에 포함되지 않은 위경 문헌에 나타난 부활은 다음과 같다.

① '베드로 복음서'(Gospel of Peter)는 예수의 부활에 관한 상세한 묘사를 포함하고 있으나, 초자연적 요소가 과장되어 역사적 신뢰성에 의문이 제기된다.

② '도마 복음서'(Gospel of Thomas)는 부활보다 예수의 가르침에 초점을 맞추고 있다. 부활 사건에 대한 직접적인 언급은 부족하다. 영지주의적이라고 평가받는다.

③ '빌립 복음서'(Gospel of Philip)는 부활의 신학적 의미를

강조하지만, 정경 문헌에 비해 후대의 관점을 반영하는 것으로 평가된다.

마이클 리코나는 위경 문헌들이 예수의 부활에 대한 다양한 신학적 해석과 초기 기독교 신앙의 발전 과정을 보여주지만, 정경 문헌만큼의 역사적 가치는 떨어진다고 지적한다.

가톨릭 신학이 보는 죽음과 부활

김균진은 『죽음과 부활의 신학』 책에서 가톨릭 신학이 보는 죽음과 부활에 대해 다섯 가지로 구분해 기술한다.

a. 성인들이 거하는 하늘

b. 일반 신자들이 정화 과정을 거치는 연옥

c. 구약 성서의 족장들이 그리스도의 강림을 기다리는 지옥 앞의 공간

d. 세례받지 못한 아이들이 거하는 지옥 앞의 공간

e. 사탄과 그의 추종자들이 고통받는 지옥

이중에서 연옥설은 중세 스콜라 신학에서 정교하게 발전됐으나, 성경적 근거에 대해서는 논쟁의 여지가 여전히 많

다. 루터와 같은 종교개혁자들은 가톨릭의 이런 구분을 부정하며, 죽음 이후의 상태를 부활 신학으로 설명했다. 죽음을 '그리스도 안에서 잠자며 부활을 기다리는 상태'로 해석한 것이다. 그는 고린도전서 15장과 데살로니가전서 4장을 중심으로 이에 대한 성경적 근거를 제시했고, 인간의 죽음을 영혼의 분리나 소멸로 보지 않았다.

루터는 헬라어로 부활을 뜻하는 '아나스타시스'의 의미를 강조했는데, 부활이 단순히 육체의 재생이 아니라 하나님의 구속 사역의 완성을 상징한다고 주장했다. 즉, 플라톤적 이원론이나 가톨릭의 연옥설을 넘어, 성경적 종말론의 틀 안에서 죽음을 이해한 것이다. 이러한 관점은 몰트만의 『희망의 신학』(Theologie der Hoffnung)과도 연결되며, 죽음을 통해 드러나는 하나님의 궁극적 구원 계획을 말한다.

구약성경에 나타난 부활 증거

07

 ## 모세오경에 나타난 부활 신앙의 흔적

구약성경과 신약성경에는 부활에 관해 어떤 내용이 암시되었고 내재되어 전개되고 있을까? 먼저 구약성경의 모세오경(토라)에 나타난 부활 신앙의 흔적과 신학적 의미부터 살펴보자. 모세오경에서는 부활 신앙이 직접적으로 언급되지 않지만 암시적이고 신학적으로 중요한 단서를 제공한다. 이는 창조, 언약, 구속이라는 토라의 주요 주제 안에서 발견되며, 구약 전반에 걸쳐 점차 발전되면서 부활 신앙의 토대를 형성한다. 예수는 모세오경의 메시지를 통해 부활 신앙을 가르치며, 이를 신학적으로 정립하였다.

① 창조에 나타난 부활의 단초

모세오경은 창조의 하나님을 생명의 근원으로 제시한다. 창세기 1장에서 하나님은 인간을 하나님의 형상대로 창조하셨다. 이로써 인간이라는 존재가 물질적 생명에 그치지 않으며 영원성을 지닌 존재임을 나타낸다. 창세기 3장에서 인간의 죄로 인해 죽음이 들어왔지만, 하나님은 여자의 후손을 통해 구속의 길을 열어두신다(창 3:15). 이는 죽음이 최종적인 것이 아니며 하나님의 구속 계획 안에서 극복될 수 있음을 시사한다.

② 하나님의 언약과 부활의 가능성

출애굽기 3장 6절에서 하나님은 모세에게 자신을 '아브라함의 하나님, 이삭의 하나님, 야곱의 하나님'으로 소개하신다. 이는 하나님께서 죽은 자의 하나님이 아니라 살아 있는 자의 하나님이심을 보여준다. 예수님은 이 구절을 인용하시며 부활 신앙의 기초를 설명하셨다(마 22:31-32). 이에 따르면 하나님과의 언약은 지상의 삶에 국한되지 않고 죽음 이후에도 지속되는 관계를 내포한다. 이는 죽음을 넘어 생명을 회복시키는 하나님의 의지를 암시한다.

③ 희생 제사와 속죄의 신학

레위기와 민수기에 나타난 희생 제사 제도는 생명 대 생명의 대속 원리를 제시한다. 이는 인간의 죄와 죽음을 극복하기 위한 하나님의 구속 계획을 상징적으로 보여준다. 이러한 대속의 신학은 궁극적으로 죽음을 넘어서는 생명의 회복, 즉 부활 신앙의 기초로 확장될 수 있다.

④ 생명의 주권자이신 하나님의 선언

하나님은 신명기 32장 39절에서 "나는 죽이기도 하며 살리기도 하며 상하게도 하며 낫게도 한다"라고 선언하신다. 이는 생명과 죽음을 주관하시는 하나님의 주권적 능력을 드러낸다. 이 구절은 부활의 가능성에 대한 신학적 암시를 제공하며 죽은 자를 다시 살리실 수 있는 하나님의 전능하심을 강조한다.

⑤ 가나안 땅 약속과 영원한 생명

창세기부터 신명기까지 반복해서 등장하는 가나안 땅에 대한 하나님의 영원한 약속(창 17:8; 출 6:4)은 물리적 땅의 소유를 넘어 영원한 하나님 나라와 생명에 대한 희망을 담고 있다. 하나님은 신명기 30장에서 백성의 회복을 약속하시며, 이는 궁극적으로 죽음을 넘어 부활을 통한 온전한 회복을 암시한다.

⑥ 신약과의 연결: 부활 신앙의 완성

모세오경은 부활 신앙을 명확히 서술하지 않지만, 그 메시지는 구약 전체와 신약으로 이어진다. 예수는 모세오경의 메시지를 해석하면서 부활 신앙의 신학적 기초를 확립하셨다. 사두개인들과의 논쟁에서는 출애굽기 3장을 인용하며 부활 신앙을 논증하셨다(마 22:31-32). 이는 모세오경이 부활 신앙의 잠재적 단서를 풍부하게 제공하고 있음을 보여준다. 이렇게 모세오경은 부활 신앙의 신학적 토대를 만든다.

모세오경에 나타난 부활 신앙은 암시적이며, 창조와 언약,

구속과 하나님의 주권이라는 신학적 주제 안에서 그 단초를 발견할 수 있다. 이러한 단초는 이스라엘의 신앙 전통 안에서 다니엘서(단 12:2)와 이사야서(사 26:19) 등에서 점차 구체화되었으며, 신약에서 예수 그리스도를 통해 완성되었다. 그러므로 모세오경은 부활 신앙의 기초를 제공하는 중요한 텍스트이며, 하나님의 생명 회복 계획을 신학적으로 보여준다.

역사서에 나타난 부활 신앙과 그 신학적 의미

구약의 역사서는 이스라엘 백성의 신앙과 역사를 기록한 문헌이다. 여기에 부활 신앙이 직접적으로 언급되지는 않지만, 암시와 상징을 통해 부활에 대한 희망과 기대를 제시한다는 걸 볼 수 있다. 이스라엘의 역사는 하나님의 언약 백성으로서의 정체성을 강조하며, 죽음을 넘어서는 하나님의 구속적 계획과 주권을 드러낸다. 역사서에 나타난 부활 신앙의 단서는 이스라엘 백성의 경험과 하나님의 개입 안에서 발견된다.

① 하나님의 언약과 영원한 생명

역사서에 반복해서 등장하는 하나님의 언약은 부활 신앙의 암시적 기초로 해석될 수 있다. 하나님은 특히 다윗 언약(삼하 7장)에서 다윗의 후손을 통해 영원한 나라를 세우겠다고 약속하셨다. 이 약속은 왕조의 지속성을 넘어 죽음을 초월하는 하나님의 구속 계획을 암시한다. 이는 다윗 가문에 국한되지 않고 메시아를 통한 영원한 생명과 부활의 희망으로 확대된다.

② 엘리야와 엘리사의 사역: 죽음에서 생명으로

구약성경에서 부활 신앙의 가장 강력한 단서는 엘리야와 엘리사의 기적에서 찾을 수 있다. 엘리야와 사르밧 과부의 아들 이야기가 대표적이다. 열왕기상 17장에서 엘리야는 죽은 과부의 아들을 다시 살리는 기적을 행한다. 이 사건은 하나님의 생명 주권과 죽음에 대한 극복의 가능성을 보여준다. 엘리사와 수넴 여인의 아들 이야기는 마치 앞의 이야기를 복사한 것 같다. 열왕기하 4장에서 엘리사는 죽은 아이를 위해 기도하며 다시 생명을 불어넣는다. 이 기적은 죽음을 극복하는 하나님의 능력을 상징하며 부활 신앙의 원형적 모습을 제공한다. 엘리야와 엘리사에 의해 나타난 이 두 사건은 단순한 생명의 회복을 넘어, 죽음이 하나님의 계획 안에서 최종적이지 않음을 시사하는 것이다. 또한 부활에 대한 신앙적 토대를 마련한다.

③ 하나님의 전쟁과 죽음의 초월

역사서에서 반복적으로 등장하는 하나님의 전쟁(Holy War)은 부활 신앙의 신학적 해석을 가능케 한다. 예를 들어 여호수아서와 사사기에 기록된 전쟁들은 이스라엘 백성이 죽음을 무릅쓰고 하나님의 언약을 따를 때 하나님께서 그들의 생명을 보호하고 적을 물리치시는 과정을 보여준다. 이는 죽음을 넘어서는 하나님의 승리를 상징적으로 드러내며, 부활 신앙의 간접적인 표현으로 해석될 수 있다.

④ 욥기의 부활 암시와 역사서의 연결

욥기 19장 25-27절에서 욥은 '나의 구속자가 살아계심'을 선언하며 죽음 이후 하나님과의 만남을 소망한다. 욥기의 이러한 신앙고백은 역사서에 나타나는 하나님의 신실하심과 구속적 행위와 연결된다. 특히 다윗의 시편에서 언급된 '스올에서 나를 구원하실 하나님'(시 16:10)은 부활 신앙의 초기 형태로 간주될 수 있다.

⑤ 언약궤와 하나님의 임재: 죽음을 넘어서는 희망

역사서에서 하나님의 임재는 종종 언약궤와 연결된다. 사무엘하 6장에서 다윗이 언약궤를 예루살렘으로 옮길 때 하나님의 임재가 백성 가운데 있다고 확신한 것은 죽음을 초월하는 희망을 상징한다. 이는 하나님과의 영원한 교제를 통한 생명의 지속성을 암시한다.

⑥ 역사서와 신약과의 연결: 부활 신앙의 발전

역사서에 암시된 부활 신앙은 신약에서 명확히 드러난다. 예수께서 죽은 자를 살리시는 사역(막 5:41; 요 11:43)과 자신의 부활은 구약에서 암시된 하나님의 능력과 신실하심을 완성한다. 엘리야와 엘리사의 기적은 예수 그리스도의 부활을 예표하며, 역사서에서 시작된 부활 신앙의 암시를 신약에서 완성된 신학으로 확립한다. 역사서에는 이와 같이 부활 신앙이 녹아 있다. 역사서들이 부활 신앙을 직접적으로 서술하지는 않지만, 하나님의 구속적 개입과 죽음을 초월하는 사건들을 통해 부활의 희망을 암시한다.

다윗 언약, 엘리야와 엘리사의 기적, 하나님의 전쟁과 언약의 지속성은 모두 부활 신앙의 신학적 토대를 형성한다. 이러한 요소는 신약에서 예수 그리스도를 통해 완성된 부활 신앙으로 이어지며, 구속사적 관점에서는 죽음을 극복하는 하나님의 계획을 명확히 드러낸다.

대선지서에 나타난 부활과 신학적 의미

대선지서(이사야, 예레미야, 에스겔)는 이스라엘의 역사 안에서 하나님의 심판과 구원의 메시지를 선포하며 부활 신앙의 명확한 암시와 상징을 포함하고 있다. 대선지서에서 부활 신앙은 개인적이고 공동체적인 회복과 연관되며, 하나님의 생명과 구속의 능력을 드러낸다. 이들은 종말론적 부활 신앙을 구약의 틀 안에서 확립하는 데 중요한 역할을 한다.

① 이사야서: 죽음을 이기시는 하나님의 구원
이사야서는 부활 신앙을 선명하게 암시하는 구절들을 포

함하고 있다. "주의 죽은 자들은 살아나고 그들의 시체들은 일어나리이다 티끌에 거하는 자들아 너희는 깨어 노래하라"(사 26:19)는 부활의 명백한 선언으로, 하나님께서 죽은 자들을 다시 일으키실 것을 약속한다. 이는 개인의 부활을 넘어 공동체적 회복과 하나님의 구속 역사를 상징한다. "사망을 영원히 멸하실 것이라"라는 이사야서 25장 8절은 하나님께서 최종적으로 죽음을 정복하시고 영원한 생명을 약속하심을 선포한다. 이는 신약에서 그리스도의 부활을 통해 완성될 부활 신앙의 중요한 기반이 된다(고전 15:54). 이사야서는 부활 신앙을 종말론적 구원과 연결하며, 하나님의 백성이 죽음과 사망의 권세를 넘어서는 새로운 생명을 경험할 것을 예고한다.

② 예레미야서: 소망과 회복의 비전

예레미야서는 주로 심판의 메시지를 담고 있지만 부활 신앙의 암시를 찾을 수 있는 회복의 약속도 포함하고 있다. 특히 예레미야서 31장은 새 언약의 약속이다. 예레미야는 하나님께서 이스라엘과 새 언약을 맺으실 것을 예언하며(렘 31:31-34) 이를 통해 죽음과 절망 속에서도 생명의 회복을 약속한다. 새 언약은 단순히 율법의 갱신이 아니며 죽음을 넘어서는 생명을 포함한다는 점에서 부활 신앙의 기초로 해석될 수 있다. 예레미야서의 회복의 약속은 부활 신앙의 간접적 암시로, 공동체의 부활과 새로운 생명의 시작을 의미한다.

③ 에스겔서: 마른 뼈들의 환상과 부활

에스겔서에 나오는 부활 신앙의 가장 명확한 표현은 37장의 마른 뼈들의 환상이다. 에스겔서 37장 1-14절에서 에스겔은 마른 뼈들로 가득한 골짜기에서 하나님께서 그 뼈들을 살리시는 환상을 목격한다. 여기서 "내가 너희에게 생기를 넣어 너희가 살아나게 하리라"(겔 37:5)라는 하나님의 선언은 이스라엘의 민족적 회복을 넘어 죽음에서 생명으로의 회복을 상징한다. 이는 물리적 부활뿐 아니라 영적 부활과 공동체의 회복을 포함한다. 또한 에스겔서의 마른 뼈 환상은 부활 신앙의 대표적 예로, 이스라엘 백성의 소망이 전적으로 하나님의 생명 주권에 달려 있음을 강조한다. 이는 신약의 부활 신앙과 종말론적 회복을 예표하기도 한다.

④ 대선지서의 부활 신앙과 메시아

대선지서는 부활 신앙을 메시아의 사역과 연관짓는다. 그 대표적인 예가 이사야서 53장의 '고난받는 종'이다. 이사야는 고난받는 종이 죽음을 당한 후에 다시 살아날 것을 암시한다. "그가 자기 영혼을 속건 제물로 드린 후에 자기 씨를 보게 되며 그의 날이 길리라"(사 53:10). 이 구절은 당시의 정치적, 사회적 상황 가운데에서 하나님의 역사를 말하기도 한다. 그러나 예언의 이중적 구조를 고려할 때, 이 내용은 장래에 메시아의 죽음과 부활을 예고하며, 신약에서는 그리스도의 사역으로 완성되는 것으로 볼 수 있다. 대선지서의 메시아적 관점은 부활 신앙을 종말론적 구원과 연결시키며, 하나님의 계획 안에서 죽음의 극복과 영원한 생명을 포함한다.

⑤ 대선지서의 부활 신앙과 신약에서의 성취

대선지서에 나타난 부활 신앙은 신약에서 예수 그리스도를 통해 성취된다. 이사야와 에스겔의 예언은 예수의 부활을 통해 완전히 실현되었으며, 신약성경의 저자들은 이를 인용하며 구약의 예언을 해석했다. 예를 들어 사도 바울은 이사야서 25장 8절을 고린도전서 15장에서 인용하며 부활 신앙을 명확히 설명했다.

대선지서는 부활 신앙의 풍부한 신학적 단서를 제공한다. 이사야서는 죽음의 극복과 영원한 생명을 약속하며, 에스겔서는 마른 뼈 환상을 통해 부활의 비전을 제시한다. 예레미야서는 새 언약을 통해 죽음 이후의 회복을 암시한다. 이러한 대선지서의 부활 신앙은 구약의 중심적 메시지로서 신약에서 예수 그리스도의 부활로 완성되며, 하나님의 백성에게 궁극적 소망을 제공한다.

소선지서에 나타난 부활과 신학적 의미

소선지서는 열두 권의 예언서(호세아, 요엘, 아모스, 오바댜, 요나, 미가, 나훔, 하박국, 스바냐, 학개, 스가랴, 말라기)로 구성되어 있으며, 이스라엘과 유다의 심판과 회복, 하나님의 구속 역사를 다룬다. 부활 신앙이 소선지서에 명시적으로 나타나진 않지만, 회복, 새 생명, 하나님의 구원의 약속 안에 암시되어 있다. 이는 구약 전반에 걸친 종말론적 부활 신앙의 기반을 형성한다.

① 호세아서: 죽음을 이기시는 하나님의 사랑

호세아서는 부활 신앙을 강력히 암시하는 예언 중 하나로 평가된다.

"오라 우리가 여호와께로 돌아가자 여호와께서 우리를 찢으셨으나 도로 낫게 하실 것이요 우리를 치셨으나 싸매어 주실 것임이라 여호와께서 이틀 후에 우리를 살리시며 셋째 날에 우리를 일으키시리니 우리가 그의 앞에서 살리라" (호 6:1-2). 이 구절은 죽음에서 생명으로의 회복을 상징하며 부활 신앙의 기초가 된다. 하나님께서 이스라엘을 징계하신 후에 회복시키시는 장면은 종말론적 부활과도 연결된다. 특히 '셋째 날'이라는 표현은 신약의 그리스도의 부활 사건을 암시하는 구절로 해석되기도 한다.

"내가 그들을 스올의 권세에서 속량하며 사망에서 구속하리니 사망아 네 재앙이 어디 있느냐 …"(호 13:14). 이 구절은 죽음을 정복하시는 하나님의 능력을 강조한다. 또한 사도 바울이 고린도전서 15장 55절에서 인용하면서 부활의 승리를 선포하는 근거와 부활 신앙의 토대로 삼은 구절이다.

호세아서는 하나님의 사랑과 구속을 통해 죽음을 넘어서는 생명의 약속을 강조하며, 부활 신앙의 희망을 제시한다.

② 요엘서: 성령의 부으심과 새 생명

요엘서는 부활 신앙을 간접적으로 암시하며, 하나님의 백성이 새롭게 살아나게 될 종말론적 회복을 강조한다.

"그 후에 내가 내 영을 만민에게 부어 주리니 너희 자녀들이 장래 일을 말할 것이며… 그 때에 내가 또 내 영을 남종과 여종에게 부어 줄 것이며"(욜 2:28-29). 이 구절에서 성령의 부으심은 죽음에서 생명으로의 회복을 상징하며, 하나님과의 관계의 회복을 통해 새로운 생명을 경험하게 되는 것을 의미한다. 이는 부활 신앙과 직결되지는 않지만, 하나님의 백성에게 새 생명을 주시는 역사의 일부로 이해할 수 있다.

"여호와께서 시온에서 부르짖고 예루살렘에서 목소리를 내시리니 하늘과 땅이 진동하리로다 그러나 여호와께서 그의 백성의 피난처, 이스라엘 자손의 산성이 되시리로다 그런즉 너희가 나는 내 성산 시온에 사는 너희 하나님 여호와인 줄 알 것이라 예루살렘이 거룩하리니 다시는 이방 사람이 그 가운데로 통행하지 못하리로다"(욜 3:16-17). 이 구절은 하나님께서 최후의 날에 자기 백성을 위하여 일어나실 것을 약속하며, 이를 통해 새로운 시대와 회복을 예고한다.

요엘서는 하나님의 새 창조와 회복의 약속을 통해 부활

신앙의 기반을 마련한다.

③ 스가랴서: 부활 신앙의 종말론적 암시

스가랴서는 메시아와 종말론적 회복을 강조하며, 부활 신앙을 일부에서 간접적으로 암시하고 있다.

"그들이 그 찌른 바 그를 바라보고…"(슥 12:10). 이 구절은 메시아의 고난과 궁극적인 승리를 예고하며, 신약에서 그리스도의 죽음과 부활로 성취된다(요 19:37). 메시아를 통해 죽음을 넘어서는 회복이 이루어질 것을 암시한다.

"그 날에 생수가 예루살렘에서 솟아나서…"(슥 14:8-9). 이 구절에서 생수의 이미지는 생명의 회복과 새로운 창조를 상징하며, 종말론적 부활 신앙과 연결될 수 있다. 이는 죽음을 정복하고 영원한 생명을 주시는 하나님의 구속 역사를 암시한다.

④ 미가서: 하나님의 구원과 회복의 약속

미가서는 심판과 함께 새로운 구원의 날을 예언하며, 부활 신앙의 상징적 표현을 담고 있다. 하나님의 공의와 사랑 안에서 죽음 이후의 소망과 회복을 강조한다.

"나의 대적이여 나로 말미암아 기뻐하지 말지어다 나는 엎드러질지라도 일어날 것이요 어두운 데에 앉을지라도 여호와께서 나의 빛이 되실 것임이로다"(미 7:8). 이 구절은 하나님의 백성이 회복될 것임을 선언하며, 영적, 공동체적 부활의 희망을 제시한다.

⑤ 소선지서의 부활 암시와 신약의 성취

소선지서에 암시된 부활 신앙은 신약에서 예수 그리스도의 부활을 통해 성취된다.

호세아서 6장 2절과 13장 14절은 신약 저자들에게 깊은 영향을 주어 부활 신앙의 중요한 예언으로 인용되었다. "여호와께서 이틀 후에 우리를 살리시며 셋째 날에 우리를 일으키시리니 우리가 그의 앞에서 살리라"(호 6:2). "내가 그들을 스올의 권세에서 속량하며 사망에서 구속하리니 사망아 네 재앙이 어디 있느냐 스올아 네 멸망이 어디 있느냐 뉘우침이 내 눈 앞에서 숨으리라"(호 13:14).

스가랴의 메시아적 예언은 신약의 종말론적 부활 신앙과 밀접하게 연결되며, 요엘서의 성령 강림 예언은 오순절 사건을 통해 성취된다.

⑥ 소선지서에서 발견되는 부활 신앙의 의의

소선지서는 부활 신앙의 직접적 표현이라기보다 상징적이고 암시적인 방식으로 종말론적 회복과 하나님의 구원을 묘사한다. 호세아서는 죽음을 정복하시는 하나님의 사랑을 강조하며, 요엘은 성령의 기름 부으심과 새로운 시대를 예고한다. 스가랴는 메시아적 구속을 통해 부활 신앙의 근거를 제공하며, 미가는 하나님의 백성의 회복을 선언한다. 이러한 소선지서의 메시지는 신약에서 그리스도의 죽음과 부활로 완전히 성취되며, 부활 신앙의 토대가 된다.

지혜서에 나타난 부활과 신학적 의미

지혜서는 이스라엘의 지혜 전통을 바탕으로 삶과 죽음, 의와 악, 그리고 하나님의 통치와 섭리를 탐구하는 문학이다. 부활 신앙은 지혜서에서 명시적으로 등장하지는 않으나, 죽음 이후의 소망과 의인의 영원한 생명에 대한 암시를 통해, 점진적으로 발전된 구약의 부활 신앙의 기초를 제공한다. 특히 욥기, 시편, 전도서, 잠언과 같은 지혜 문학은 인간의 삶과 죽음과 하나님의 정의로운 심판을 다루며, 부활 신앙의 윤곽을 보여준다.

① 욥기: 고난 속에서의 부활 신앙의 희망

인간의 고난과 하나님의 주권을 깊이 탐구하는 욥기는 부활 신앙을 암시하는 중요한 구절도 포함하고 있다.

"내가 알기에는 나의 대속자가 살아계시니 마침내 그가 땅 위에 서실 것이라 ⋯ 내가 그를 보리니 내 눈으로 그를 보기를 낯선 사람처럼 하지 않을 것이라 내 마음이 초조하구나"(욥 19:25-27). 이 구절은 구약에서 부활 신앙을 암시하는 가장 강력한 선언 중 하나다. 욥은 자신의 대속자(구원자)가 마지막 날에 그를 새롭게 하실 것을 확신하며, 죽음 이후 하나님과의 대면을 고백한다. 이는 의인이 죽음 이후에 하나님의 정의로운 심판과 회복을 경험할 것이라는 믿음을 보여준다. 욥의 고백은 신약에서 예수 그리스도의 부활과 의인들의 부활을 통한 구원의 약속과 연결된다. 이 고백은 인간의 한계를 넘어서는 하나님의 구속적 섭리를 강조한다.

② 시편: 영원한 생명과 부활의 암시

이스라엘 백성의 찬송과 기도로 가득한 시편은 죽음 이후의 생명과 하나님의 구원 약속을 여러 곳에서 암시한다.

"이는 주께서 내 영혼을 스올에 버리지 아니하시며 주의 거룩한 자를 멸망시키지 않으실 것임이니이다"(시 16:10). 이 구절은 죽음을 넘어 생명으로 나아가는 희망을 담고 있다. 사도 베드로와 바울은 이 구절을 예수 그리스도의 부활의 예언으로 해석하며(행 2:25-31; 13:35) 부활 신앙의 구약적 근거로 제시한다.

"그러나 하나님은 나를 영접하시리니 이러므로 내 영혼을 스올의 권세에서 건져내시리로다"(시 49:15). 이 구절은 의인의 죽음 이후 하나님의 구원과 생명에 대한 신뢰를 나타낸다. 이 시가 부활 신앙을 명시적으로 언급하지는 않지만, 죽음을 정복하는 하나님의 구속 역사를 암시한다.

"주의 교훈으로 나를 인도하시고 후에는 영광으로 나를 영접하시리니 … 내 육체와 마음은 쇠약하나 하나님은 내 마음의 반석이시요 영원한 분깃이시라"(시 73:24,26). 이 시편 기자는 죽음을 넘어 하나님과의 영원한 교제를 기대한다. 이는 부활 신앙의 초기 형태로 볼 수 있다.

③ 잠언과 전도서: 부활 신앙에 대한 간접적 암시

잠언은 주로 현세적 지혜와 도덕적 가르침을 강조하지만, 의인의 보상과 악인의 멸망을 언급하며 죽음 이후의 생명을 암시하기도 한다.

"공의로운 길에 생명이 있나니 그 길에는 사망이 없느니라"(잠 12:28). 의로운 삶이 궁극적으로 생명으로 이어질 것이라는 이 선언은 부활 신앙의 간접적 암시로 해석될 수 있다. 이 구절은 영생의 개념과 연결되며, 하나님께서 의인에게 생명을 주실 것을 기대하게 한다.

전도서는 인생의 허무함을 강조하면서도 하나님의 심판과 죽음 이후의 삶에 대한 단서를 제공한다.

"흙은 여전히 땅으로 돌아가고 영은 그것을 주신 하나님께로 돌아가기 전에 기억하라"(전 12:7). 이 구절은 인간 영혼의 불멸성을 암시하며 죽음 이후의 삶에 대한 소망을 드러낸다. 하나님의 심판과 인간 영혼의 운명에 대한 언급은 부활 신앙의 가능성을 열어둔다.

"내가 내 마음속으로 이르기를 의인과 악인을 하나님이 심판하시리니 …"(전 3:17). 이 구절은 사람의 죽음 이후 하나님의 정의로운 심판을 암시하며, 부활 신앙의 기초를 형성한다.

④ 지혜서에서 부활 신앙의 발전과 신약적 성취

지혜서에 암시되는 부활 신앙은 신약에서 명시적이고 구체적인 형태로 성취된다. 특히 욥기 19장 25-27절과 시편 16편 10절은 예수의 부활을 예언하는 구절로 인용되며, 신약의 부활 신앙의 핵심적인 토대가 된다. 시편에서 묘사된 의인의 회복과 하나님의 영광에 참여하는 소망은 사도행전과 바울 서신에서 그리스도의 부활과 연합된 성도의 부활로 완성된다. 전도서에서 제시된 영혼의 운명과 하나님의 심판은 히브리서와 요한계시록에서 종말론적 부활 신앙으로 구체화된다.

⑤ 지혜서에 나타난 부활 신앙의 신학적 의의

지혜서는 부활 신앙을 명시적으로 서술하기보다, 암시적이고 상징적인 표현을 통해 의인의 생명과 악인의 심판, 하나님의 정의로운 섭리를 드러낸다. 욥기는 죽음을 넘어선 생명에 대한 강력한 희망을 제시하며, 시편은 하나님의 구원 약속과 의인의 영광스러운 미래를 암시한다. 전도서와 잠언은 하나님의 심판과 영혼의 운명을 논하며 부활 신앙의 틀을 제공한다.

지혜서에서 발전된 부활 신앙은 신약에서 예수 그리스도의 부활을 통해 완전히 성취되며, 의인에게 영원한 생명을 약속하는 구속사의 핵심으로 자리잡는다.

신약성경에 나타난 부활 증거

08

 부활한 예수를 만난 사람들

우리가 신약성경에서 볼 수 있는 '부활을 의심할 수 없는 이유' 중에서도 가장 큰 이유는 예수가 부활하신 후에 사십일 동안 사람들을 만났던 것이다. 이 사람들은 부활하신 예수를 만난 뒤에 완전히 달라졌다. 자신들의 죽음을 두려워하지 않고 부활의 예수를 전했던 것이다. 이런 사람들의 놀라운 변화는 부활의 중요한 증거가 될 수 있다.

부활한 예수가 자신을 보여주신 사람은 누구였고, 그 순서는 어떠했는가? 무어(Thomas. V. Moore)는 『예수님의 부활 후 40일간의 행적』(The Last Days of Jesus)이라는 책에서 다음과 같이 정리한다.

예수가 첫 번째로 만난 사람은 막달라 마리아다. 다른 사람들보다 여성인 막달라 마리아에게 가장 먼저 나타나셨다는 사실은 매우 특별하다. 당시 사회에서 여성이 증인으로 인정받지 못했던 점을 감안하면 그렇다. 더구나 이 마리아는 귀신 들렸던 여인이었다. "전에 일곱 귀신을 쫓아내어 주신 막달라 마리아에게 먼저 보이시니"(막 16:9). 이는 하나님의 은혜와 구속사의 역설을 보여준다.

예수가 두 번째로 만난 사람들은 무덤을 찾은 '다른 여인들'이다. 이 역시 여성들이라는 점은 특별하다. 예수는 이들에게 "평안하냐?"라고 인사하시며, 부활의 증거를 제자들에게 알리라고 명령하셨다(마 28:9-10).

세 번째로 만난 사람은 베드로이다. 제자들 중에서도 자신을 세 번이나 부인했던 베드로에게 특별히 먼저 나타나셨던 것이다. 이는 예수님과 베드로 사이의 관계를 회복하고,

그를 사도의 자리로 부르시는 일이기도 하였다(눅 24:34; 고전 15:5).

네 번째로 만난 사람들은 엠마오로 가는 두 제자이다. 예수님은 성경의 예언이 자신을 통해 어떻게 성취되었는지를 그들에게 설명하셨다(눅 24:13-32).

다섯째로 만난 사람들은 '닫힌 문 뒤의 제자들'이다. 예수님은 부활 후 첫 주일 저녁, 즉 안식일 첫날 저녁에 닫힌 문을 통과하여 두려움에 떨고 있는 제자들에게 나타나셨다(요 20:19-23). 이때 도마는 그 자리에 없었다.

여섯 번째로 만난 사람은 도마이다. 제자들을 만난 뒤 일주일 후, 예수님은 의심 많았던 도마에게 나타나셔서 손과 옆구리의 상처를 보여주셨다. 이를 통해 도마는 "나의 주님이시며 나의 하나님이시니이다"라는 유명한 고백을 했다(요 20:24-29).

일곱 번째로 만난 사람들은 갈릴리 해변에서 물고기를 잡고 있던 베드로와 제자들이다. 여기서 제자들은 153마리의 물고기를 잡는 기적을 경험했다. 이때 예수님은 특별히 베드로에게 사랑과 헌신에 대해 세 번 질문하셨다(요 21:1-19).

여덟 번째는 예수님이 무려 500명에게 동시에 나타나신 일이다. 바울은 예수님께서 부활하신 후 500여 명에게 일시에 나타나셨다고 고린도전서 15장 6절에서 증언한다. 특별히 이 내용은 부활의 사실성을 확증하는 중요한 증거다.

아홉 번째는 예수님이 자신의 형제인 야고보에게 나타나신 것이다. 야고보는 이후 초대교회의 지도자로 활동하며 야고보서를 기록하였다(고전 15:7).

열 번째는 예수님이 승천하시기 전에 제자들에게 대위임 명령을 주실 때이다. 예수님은 부활 후 예루살렘과 감람산에서 마지막으로 제자들에게 나타나 대위임의 명령을 주셨다(마 28:18-20; 행 1:8). 이는 성령의 임재와 복음 전파의 사명을 포함해 교회의 핵심 사역의 방향을 제시한 사건이다.

공관복음에 나타난 부활 신앙과 신학적 의미

요한복음을 제외한 공관복음(마태, 마가, 누가)에서는 부활에 관해 어떻게 기술하고 있을까? 공관복음은 예수님의 생애와 죽음과 부활 사건을 기록하며, 구약에서 암시된 부활 신앙을 구체적이고 역사적인 사건으로 제시한다. 예수 그리스도의 부활은 공관복음 전체의 정점이자 신학적 중심으로, 복음서 전반에 걸쳐 부활 신앙이 예비되고 완성되는 과정을 드러낸다.

① 부활에 대한 예수님의 예고

공관복음은 예수가 자신의 죽음과 부활을 반복적으로 예고하며, 제자들에게 부활 신앙을 준비시킨 것을 기록한다.

"이 때로부터 예수 그리스도께서 자기가 예루살렘에 올라가 장로들과 대제사장들과 서기관들에게 많은 고난을 받고 죽임을 당하고 제삼일에 살아나야 할 것을 제자들에게 비로소 나타내시니"(마 16:21).

"인자가 많은 고난을 받고 장로들과 대제사장들과 서기관들에게 버린 바 되어 죽임을 당하고 사흘 만에 살아나야 할 것을 비로소 그들에게 가르치시되"(막 8:31).

"이르시되 인자가 많은 고난을 받고 장로들과 대제사장들과 서기관들에게 버린 바 되어 죽임을 당하고 제삼일에 살아나야 하리라 하시고"(눅 9:22).

이 세 구절은 사실 다 같은 상황의 말씀이다. 이때 예수님은 처음으로 자신의 죽음과 부활을 예고하며 "사흘 만에 살아나리라"는 선언까지 구체적으로 하셨다. 이는 제자들에게 부활 신앙을 심어주려는 예수님의 의도를 보여준다. 이 말씀의 신학적 의미는 부활이 죽음의 극복만이 아니라 하나님의 구속 계획의 성취이자 메시아적 사명 완수의 표시라는 것이다.

마태복음 17장 9절에서는 예수님이 변화산 사건 직후 제자들에게 "인자가 죽은 자 가운데서 살아나기 전에는 본 것을 아무에게도 이르지 말라"고 당부하셨다고 기록한다. 이는 부활 사건이 메시아적 정체성을 확증하는 핵심임을 강조한다.

② 부활 사건 묘사의 차이

공관복음은 예수님의 부활 사건을 상세히 기록하지만, 각 복음서의 관점은 독특하며, 강조하는 점도 조금씩 다르다.

a. 마태복음(부활의 왕권적 강조): 마태복음 28장 1-10절에서 마태는 천사가 무덤을 굴리고 부활의 소식을 전하는 장면을 묘사하여, 부활이 하나님의 통치와 권능의 선언임을 강조한다. 부활하신 예수님이 여인들에게 나타나 "두려워하지 말라"고 위로하시는 장면은 부활의 확실성과 그리스도의 친밀성을

동시에 드러낸다. 마태복음 28장 18-20절에서 부활하신 예수님은 제자들에게 자신이 "하늘과 땅의 모든 권세를 받았다"라고 선포하며 대위임령을 주신다. 이는 부활이 단지 예수님의 개인적인 사건이 아니라 온 세상을 향한 구속적 사명과 연결되어 있음을 나타낸다.

b. **마가복음**(부활의 간결한 증언): 마가복음 16장 1-8절에서 마가는 부활의 핵심을 간결하게 전하며, 빈 무덤과 천사의 메시지를 강조한다. "너희가 찾는 나사렛 예수는 살아나셨다"라는 선언은 부활이 역사적이고 구체적인 사건임을 드러낸다. 마가복음에서 독특한 점은 다시 살아나신 예수님을 본 제자들의 두려움과 침묵으로 끝난 원본(막 16:8)이다. 이는 독자들로 하여금 부활 신앙에 대한 자기 결단을 촉구하는 신학적 장치를 제공한다.

c. **누가복음**(부활의 구속사적 완성): 누가복음 24장에서 누가는 엠마오로 가는 두 제자와 부활하신 예수님의 만남(눅 24:13-35)을 통해 부활의 실재성과 구속사적 의미를 강조한다. 예수님은 구약성경(모세오경, 선지서, 시편)을 통해 자신의 죽음과 부활이 하나님의 계획임을 설명하신다. 누가복음 24장 36-49절에서 예수님이 제자들에게 나타나 음식을 드시는

장면은 부활이 영적 사건에 그치지 않고 육체적 실재를 동반한다는 점을 보여준다. 이는 초대교회가 부활을 목격한 증거를 기반으로 성장했음을 지지한다.

③ 초기 부활 신앙의 발전: 제자들의 반응과 변화

공관복음은 제자들이 부활의 의미를 온전히 이해하지 못하다가 부활 사건 이후 믿음이 확립되는 과정을 기록한다.

a. **불신과 의심:** 여인들의 증언에 대한 제자들의 불신(마 28:11-15, 눅 24:11)과 의심(마 28:17)은 인간적인 한계를 드러낸다. 그러나 이는 부활 사건의 역사성을 입증하는 요소로도 작용한다. 초대교회는 부활이 실제로 목격되고 체험된 사건임을 주장하며, 이러한 초기의 의심을 기록으로 남겼다.

b. **믿음의 확립:** 부활하신 예수님과의 만남은 두려워하던 제자들을 확신을 가진 사람으로 변화시켰다. "그러므로 너희는 가서 모든 민족을 제자로 삼아 아버지와 아들과 성령의 이름으로 세례를 베풀고 내가 너희에게 분부한 모든 것을 가르쳐 지키게 하라 볼지어다 내가 세상 끝날까지 너희와 항상 함께 있으리라 하시니라"(마 28:19-20). 이 대위임령을 받은 제자들은 복음 전파를 위해 헌신하게 되었다. 예수님은 제자들에

게 "성령을 기다리라"고 명령하시며, 부활 신앙이 성령 강림을 통해 확산될 것을 예고하셨다. "볼지어다 내가 내 아버지께서 약속하신 것을 너희에게 보내리니 너희는 위로부터 능력으로 입혀질 때까지 이 성에 머물라 하시니라"(눅 24:49).

④ 공관복음에 나타난 부활 신앙의 신학적 의의

a. **구속사적 성취:** 공관복음은 부활을 구약의 예언(시 16:10; 사 53:10-12)과 연관지어 하나님의 구속 역사가 부활로 완성되었음을 증거한다. 부활은 단지 예수님 개인의 승리가 아니라 인류 전체를 위한 구속의 사건이다.

b. **하나님의 주권과 능력의 선언:** 부활은 죄와 사망을 이기신 하나님의 능력을 드러낸다. 마태복음에서 천사가 무덤을 열고 예수님의 부활을 선포한 장면은 하나님의 주권적 통치를 상징한다.

c. **복음의 핵심:** 부활은 초기 교회의 신앙 고백의 핵심이 되었다. 예수님은 부활을 통해 자신이 하나님의 아들이며 약속된 메시아임을 확증하셨다.

d. **성도의 소망:** 예수님의 부활은 성도의 부활을 보증한다(눅 20:35-36). 공관복음은 예수님을 믿는 자들에게 죽음을 넘어

서는 생명과 하나님의 나라에 대한 소망을 제공한다.

⑤ 공관복음에 나타난 부활 신앙의 적용

우리는 공관복음의 부활 신앙을 오늘날에 어떻게 적용할 수 있을까? 공관복음에 기록된 예수 그리스도의 부활은 기독교 신앙의 중심축을 형성한다. 단지 역사적 사건인 것만이 아니라 인간의 죄와 죽음을 극복한 하나님의 구속적 승리이며, 성도들에게 주어진 새 생명과 영원한 소망의 약속이다. 오늘날 교회는 공관복음의 부활 신앙을 통해 세상에 복음의 능력을 선포하며, 부활하신 예수님과의 영적 연합을 통해 삶 속에서 부활의 실재를 살아내야 한다.

사도행전에 나타난 부활 신앙과 그 신학적 의미

사도행전은 예수님의 부활이 초대교회의 시작과 성장의 중심적 동력임을 강조하며, 이를 통해 복음이 유대인과 이방인에게 확장되는 과정을 기록한다. 부활 신앙은 사도들의 설교와 선교 활동의 핵심 주제이며, 그리스도의 부활이 구속사적 성취의 정점임을 선포한다.

① 부활의 역사적 증거와 초대교회의 탄생

a. **부활 사건의 확증:** 사도행전은 부활 사건이 실제로 목격되고
증언된 역사적 사실임을 반복적으로 강조한다. "그가 고난받
으신 후에 또한 그들에게 확실한 많은 증거로 친히 살아계심
을 나타내사 사십 일 동안 그들에게 보이시며 하나님 나라의
일을 말씀하시니라"(행 1:3). 이 구절은 부활의 실재성과 제
자들의 확신을 증명하며, 부활이 단순한 환상이 아니라 물리
적이고 역사적인 사건임을 명확히 한다.

b. **부활의 증인들:** 사도행전은 제자들이 부활의 증인으로 부름
받았음을 강조한다. "오직 성령이 너희에게 임하시면 너희가
권능을 받고 예루살렘과 온 유대와 사마리아와 땅끝까지 이르
러 내 증인이 되리라 하시니라"(행 1:8). 이들의 증언은 초대
교회의 성장과 복음 전파의 토대가 되었다.

c. **성령 강림과 부활 신앙의 확장:** 오순절 설교에서 베드로는 부
활이 성령 강림과 직접적으로 연결된 사건임을 밝혔다. "이
예수를 하나님이 살리신지라 우리가 다 이 일에 증인이로다
하나님이 오른손으로 예수를 높이시매 그가 약속하신 성령

을 아버지께 받아서 너희가 보고 듣는 이것을 부어 주셨느니라"(행 2:32-33). 부활하신 그리스도는 성령을 보내심으로써 하나님의 구속 계획을 계속 이루신다. 이는 부활 신앙이 단지 과거 사건의 기억에 머물지 않고 교회의 현재적이고 미래적인 능력으로 작용함을 의미한다.

② 부활 중심 설교의 구조와 내용

a. 베드로의 설교(행 2:22-36): 베드로는 예수님의 부활을 다윗의 시편(시 16:10)을 인용하여 설명하며, 예수님이 부활하셨기에 다윗의 후손으로서 약속된 메시아인 것이 증명되었다고 주장한다. 즉, 부활과 메시아성을 강조했다. 신학적 의미로는 부활이 구약 예언의 성취이며 예수님의 메시아적 권위를 확증하는 사건이라고 말한 것이다. 베드로는 성전 미문에서 "십자가에 못 박힌 예수 그리스도의 이름으로 이 사람이 낫게 되었다"(행 4:10)라고 선언하며, 부활의 능력이 지금도 교회를 통해 나타남을 증언했다.

b. 바울의 설교(행 13:14): 바울은 비시디아 안디옥에서 예수님의 부활이 죄 사함과 의로움의 보증임을 선포하며, 율법으로는 이룰 수 없는 의를 부활을 통해 이루셨음을 강조한다(행

13:32-39). 부활과 의로움의 관계를 말한 것이다. 바울에게 부활은 단순히 육체적 생명의 회복만이 아니라 하나님의 정의와 구속의 완성을 드러낸다.

③ 부활 설교의 공통 주제

사도행전에 기록된 설교들은 모두 부활을 핵심 주제로 삼은 것이다. 주요 내용은 다음과 같다.

a. **역사적 사실**: 예수의 부활은 많은 증인들에 의해 확증된 것이다.

b. **구속사적 의미**: 예수의 부활은 죄와 사망의 권세를 깨뜨리고 하나님의 구원 약속을 성취한다.

c. **미래적 소망**: 예수의 부활은 성도들의 부활과 영원한 생명을 보증한다.

④ 부활 신앙의 선교적 확장

a. **이방 선교의 동력**: 부활 신앙은 복음이 이방 세계로 확장되는 데 핵심적인 역할을 한다. "이는 정하신 사람으로 하여금 천하를 공의로 심판할 날을 작정하시고 이에 그를 죽은 자 가운데서 다시 살리신 것으로 모든 사람에게 믿을 만한 증거를

주셨음이니라 하니라"(행 17:31). 바울은 아레오바고에서 한 이 설교에서 부활이 하나님의 공의를 나타내는 증거라고 선언한다. 이는 부활 신앙이 단지 유대적 전통이 아니라 이방인들에게도 보편적인 구원의 메시지임을 보여준다.

b. **부활 신앙과 박해 속의 증언:** 사도행전은 부활 신앙이 박해를 이겨내는 능력임을 증거한다. 스데반의 순교 이야기(행 7:55-60)가 대표적이다. 스데반은 부활하신 예수님이 하나님의 우편에 서 계신 것을 보고 담대히 증언했다. 바울도 그랬다. 그는 재판 중에도 "하나님이 죽은 자를 살리심을 어찌하여 못 믿을 것으로 여기느냐"(행 26:8)라고 질문하며 부활을 증언했고, 자신의 부활 신앙을 변호했다.

⑤ 부활 신앙의 신학적 의의

a. **초대교회 신앙의 중심:** 예수의 부활은 초대교회의 설교와 신앙의 토대였다. 이는 단지 한 개인의 부활이 아니라 온 인류를 위한 구속 사건으로 인식되었다.

b. **구속사의 절정과 성취:** 예수의 부활은 하나님의 구원 계획의 정점이며, 죄와 사망의 권세를 이기신 하나님의 능력을 드러낸다.

c. **성령 사역의 근거**: 부활하신 예수님은 성령을 보내심으로 교회가 하나님의 사명을 감당할 수 있도록 하셨다.

d. **미래적 소망의 보증**: 예수의 부활은 성도들의 궁극적 부활과 영생의 약속이다(행 24:15). 이는 초대교회가 박해와 고난 속에서도 흔들리지 않는 신앙을 유지할 수 있는 동력이었다.

⑥ 부활 신앙과 현대 교회의 적용

사도행전에 나타난 부활 신앙은 부활이라는 과거의 사건을 믿는 것만이 아니라, 부활이 교회의 현재적 사역과 미래적 소망의 중심임을 강조한다. 따라서 오늘날의 교회도 부활하신 그리스도를 선포하며 부활의 능력을 실천적으로 살아내야 한다. 부활 신앙은 세상 안에서 복음의 능력을 증거하고 성도들에게 영원한 소망을 심어주는 힘이다.

바울 서신서에 나타난 부활 신앙과 그 신학적 의의

바울의 서신서들에서 예수 그리스도의 죽음과 부활은 신앙의 핵심이며, 구원의 완성과 신앙인의 삶을 규명하는 중요한 교리로서 자리잡고 있다. 바울은 부활을 신자들의 구속과 새로운 삶을 시작하는 근거로 삼으며, 부활 신앙을 그리스도인의 존재와 사명의 핵심으로 강조한다. 특히 바울은 부활 신앙을 신학적으로 심도 있게 풀어내어, 교회의 교리와 성도의 삶에 깊은 영향을 미쳤다.

① 부활의 구속적 의미

a. **구속의 완성으로서의 부활**: 바울의 서신서에서 부활은 예수 그리스도의 죽음이 단지 인간의 죄를 위한 희생적인 죽음이 아니라 구속의 완성을 의미하는 것으로 묘사된다. 바울은 부활을 그리스도의 죽음과 아울러 구속의 사건으로 설명하며, 부활이 죄와 사망에 대한 최종적인 승리를 가져왔다고 강조한다. "예수는 우리가 범죄한 것 때문에 내줌이 되고 또한 우리를 의롭다 하시기 위하여 살아나셨느니라"(롬 4:25).

부활은 예수님의 의로움이 우리에게 전가되는 기초가 된다. 그리스도의 죽음은 신자들에게 죄의 용서를 가능하게 하고, 부활은 그리스도인의 의롭다함을 확증한다. "그리스도께서 다시 살아나신 일이 없으면 너희의 믿음도 헛되고 너희가 여전히 죄 가운데 있을 것이요 또한 그리스도 안에서 잠자는 자도 망하였으리니 만일 그리스도 안에서 우리가 바라는 것이 다만 이 세상의 삶뿐이면 모든 사람 가운데 우리가 더욱 불쌍한 자이리라 그러나 이제 그리스도께서 죽은 자 가운데서 다시 살아나사 잠자는 자들의 첫 열매가 되셨도다 사망이 한 사람으로 말미암았으니 죽은 자의 부활도 한 사람으로 말미암는도다 아담 안에서 모든 사람이 죽은 것 같이 그리스도 안에서 모든 사람이 삶을 얻으리라"(고전 15:17-22). 바울은 예수의 부활이 신자들의 구속을 확증하는 사건임을 분명히 하며, 부활이 없다면 신앙에 의미가 없다고 주장한다. 부활은 모든 신자의 구속과 죽음의 승리를 보장하는 사건이다.

b. **부활과 새로운 창조:** 바울은 예수의 부활을 죽음에서의 생명 회복으로만 보지 않고 새로운 창조의 시작으로 이해한다. 따라서 신자들은 예수의 부활을 통해 새로운 존재로서의 삶을 살아가야 함을 강조한다. "그리스도 안에 있으면 새로운 피조물이라 이전 것은 지나갔으니 보라 새것이 되었도다"(고후 5:17). 예수의 부활은 신자들에게 새로운 존재가 되는 근거이며, 그리스도 안에서의 새로운 삶을 시작하게 한다. 신자들이 새로운 피조물로서 살아가도록 인도하는 신학적 근거인 것이다.

② 부활과 성도의 삶

a. 부활의 실천적 의미: 부활 신앙은 신학적 교리일 뿐 아니라 신자들의 실천적 삶에 깊은 영향을 미친다. 바울은 부활을 기초로 한 새로운 삶을 신자들에게 요구하며, 부활의 능력을 통해 성도의 삶이 변화되어야 함을 강조한다. "그러므로 우리가 그의 죽으심과 합하여 세례를 받음으로 그와 함께 장사되었나니 이는 아버지의 영광으로 말미암아 그리스도를 죽은 자 가운데서 살리심과 같이 우리로 또한 새 생명 가운데서 행하게 하려 함이라"(롬 6:4).

부활 신앙은 신자들이 구속을 받은 새로운 삶을 살아가야 한다는 실천적 요구를 담고 있다. 신자들은 예수와 함께 죽고, 부활한 그리스도를 본받아 새로운 삶을 살아가야 한다. "그러므로 너희가 그리스도와 함께 다시 살리심을 받았으면 위의 것을 찾으라 거기는 그리스도께서 하나님 우편에 앉아 계시느니라 위의 것을 생각하고 땅의 것을 생각하지 말라 이는 너희가 죽었고 너희 생명이 그리스도와 함께 하나님 안에 감추어졌음이라"(골 3:1-4).

바울은 성도들이 부활 신앙을 바탕으로 하늘에 속한 삶을 추구해야 한다고 권면하며, 그들의 삶이 부활의 실천적 증거가 되어야 함을 말한다.

b. 부활의 미래적 소망: 부활 신앙은 또한 성도의 미래적 소망을 정의한다. 바울은 부활을 미래의 영광스러운 성도의 부활과 연결시킴으로써 죽음의 두려움을 이기게 하고 궁극적인 소망을 제시한다. "보라 내가 너희에게 비밀을 말하노니 우리가 다 잠 잘 것이 아니요 마지막 나팔에 순식간에 홀연히 다 변화되리니 … 이 썩을 것이 썩지 아니함을 입고 이 죽을 것이 죽지 아니함을 입을 때에는 사망을 삼키고 이기리라고 기록된 말씀이 이루어지리라"(고전 15:51-54).

바울은 부활을 미래의 승리로 연결시켜, 성도들에게 죽음 후에도 희망을 가지고 살아가도록 권면한다. 이는 신자들이 부활을 통해 하나님과의 영원한 관계를 맺게 된다는 확신을 준다. "그러나 우리의 시민권은 하늘에 있는지라 거기로부터 구원하는 자 곧 주 예수 그리스도를 기다리노니 그는 만물을 자기에게 복종하게 하실 수 있는 자의 역사로 우리의 낮은 몸을 자기 영광의 몸의 형체와 같이 변하게 하시리라"(빌 3:20-21). 부활은 단지 현재의 삶을 변화시키는 것에 그치지 않고, 궁극적으로 신자들의 영원한 소망을 이루는 사건이다.

③ 부활 신앙과 교회 공동체

바울은 부활 신앙을 교회 공동체의 삶과 사명에서 중심적인 요소로 삼았다. 부활은 교회가 세상 안에서 살아가고 증언해야 할 중심 메시지이며, 교회는 부활을 근거로 하여 하나님을 예배하고 세상에 복음을 전파해야 한다. "그의 힘의 위력으로 역사하심을 따라 믿는 우리에게 베푸신 능력의 지극히 크심이 어떠한 것을 너희로 알게 하시기를 구하노라 그의 능력이 그리스도 안에서 역사하사 죽은 자들 가운데서 다시 살리시고 하늘에서 자기의 오른편에 앉히사"(엡 1:19-20). 부활은 교회의 사역과 능력의 원천이며, 교회는 부활을 통해 하나님의 능력을 체험하고 이를 세상에 전달하는 사명을 지닌다.

④ 부활 신앙과 바울의 신학적 기여

바울 서신서에서 부활 신앙은 단지 예수 그리스도의 사건으로 끝나는 것이 아니라 교회의 신학과 신앙 그리고 성도의 삶을 규명하는 중요한 신학적 원칙으로 자리잡는다. 부활은 그리스도의 구속적 사역을 완성하는 사건이며, 신자들에게 새로운 삶을 주고 궁극적인 소망을 약속하는 핵심 교리이다. 바울은 부활 신앙을 신자들의 일상적인 삶과 교회의 사역에 적극적으로 적용하며, 그리스도인의 존재와 사명이 부활의 사건에 의해 정의된다고 선포한다.

일반 서신서에 나타난 부활 신앙과 그 신학적 의미

일반 서신서는 바울의 서신을 제외한 신약성경의 편지들로, 그 안에서 부활 신앙은 신자들의 신앙생활과 공동체의 관계에 중요한 영향을 미친다. 특히 야고보서, 베드로전서, 베드로후서, 요한일서, 유다서 등에서는 부활 신앙이 신자들의 구속과 신앙의 기초, 삶의 변화, 영원한 소망과 밀접하게 연결된다. 일반 서신의 저자들은 부활을 그리스도의 승리와 신자들의 새로운 삶의 시작으로, 또한 신앙 공동체의 신뢰와 소망의 중심으로 설명한다.

① 부활과 구속의 기초

일반 서신서에서는 예수의 부활이 신자들의 구속을 보장하는 중요한 사건으로 언급된다. 부활은 예수의 죽음이 의미 있는 구속적 사건이었음을 확인시켜주며, 신자들에게 구속의 완성과 새로운 삶을 시작하는 기회를 제공한다.

"그가 그 피조물 중에 우리로 한 첫 열매가 되게 하시려고 자기의 뜻을 따라 진리의 말씀으로 우리를 낳으셨느니라"(약 1:18). 이 구절은 그리스도의 부활이 신자들의 새로운 출발을 의미한다고 해석될 수 있다. 부활은 예수가 첫 열매로서 모든 신자들에게 새로운 삶의 모델이 되어주는 사건으로, 그리스도인의 삶에 깊은 영향을 미친다. 또한 신자들이 새로운 생명과 소망을 얻는 기초가 된다.

또한 부활은 구속과 거듭남의 핵심 사건으로, 이를 통해 신자들은 영원한 소망을 갖게 된다. "우리 주 예수 그리스도의 아버지 하나님을 찬송하리로다 그의 많으신 긍휼대로 예수 그리스도를 죽은 자 가운데서 부활하게 하심으로 말미암아 우리를 거듭나게 하사 산 소망이 있게 하시며"(벧전 1:3).

② 부활의 구속적 의미

부활은 일반 서신서에서도 예수의 승리 사건으로만 묘사되는 데서 그치지 않고, 모든 신자에게 구속의 확증을 제공하는 사건으로 묘사된다. 부활을 통해 그리스도는 죄와 죽음을 이기고, 신자들에게도 그와 같은 승리를 약속한다.

"물은 예수 그리스도께서 부활하심으로 말미암아 이제 너희를 구원하는 표니 곧 세례라 이는 육체의 더러운 것을 제하여 버림이 아니요 하나님을 향한 선한 양심의 간구니라"(벧전 3:21). 이 말씀에서 물은 세례를 의미하며, 부활을 통해 신자들에게 구원이 임했음을 나타낸다. 세례는 신자들이 그리스도의 부활과 연관돼 새로운 생명으로 거듭나는 과정임을 상징한다.

③ 부활과 성도의 삶

일반 서신서의 저자들은 부활을 신자들의 삶과 행동을 변화시키는 원천으로 보고, 신자들이 부활의 능력으로 새롭게 살아가야 한다고 강조한다. 부활 신앙이 성도의 삶에 깊은 영향을 미친다고 본 것이다. "그러므로 너희 마음의 허리를 동이고 근신하여 예수 그리스도께서 나타나실 때에 너희에게 가져다 주실 은혜를 온전히 바랄지어다 너희가 순종하는 자식처럼 전에 알지 못할 때에 따르던 너희 사욕을 본받지 말고 오직 너희를 부르신 거룩한 이처럼 너희도 모든 행실에 거룩한 자가 되라"(벧전 1:13-15).

그리스도의 부활은 신자들에게 새로운 삶의 방향을 제시하며, 그리스도께서 행하신 대로 거룩한 삶을 살아야 한다는 도전을 준다. 따라서 부활 신앙은 성도들에게 거룩한 삶을 요구한다. "내 형제들아 만일 사람이 믿음이 있노라 하고 행함이 없으면 무슨 유익이 있으리요 그 믿음이 능히 자기를 구원하겠느냐 … 이와 같이 행함이 없는 믿음은 그 자체가 죽은 것이라"(약 2:14-17). 부활 신앙은 신자들의 삶에 실천적인 변화를 요구한다. 부활의 능력을 신앙생활에 실천적으로 적용하며, 믿음과 행함이 함께 가야 한다는 교훈을 준다.

④ 부활의 실천적 의미

일반 서신서에서도 부활은 신학적인 교리일 뿐 아니라 신자들의 삶에서 실천적으로 드러나야 할 중요한 원리이다. 그리스도의 부활은 신자들이 현실에서 새로운 삶을 살도록 인도하며, 이 삶은 영적 변화와 타인에 대한 사랑, 정의의 실현으로 나타난다. "보라 아버지께서 어떠한 사랑을 우리에게 베푸사 하나님의 자녀라 일컬음을 받게 하셨는가, 우리가 그러하도다 그러므로 세상이 우리를 알지 못함은 그를 알지 못함이라 사랑하는 자들아 우리가 지금은 하나님의 자녀라 장래에 어떻게 될지는 아직 나타나지 아니하였으나 그가 나타나시면 우리가 그와 같을 줄을 아는 것은 그의 참모습 그대로 볼 것이기 때문이니 주를 향하여 이 소망을 가진 자마다 그의 깨끗하심과 같이 자기를 깨끗하게 하느니라"(요일 3:1-3).

부활의 은혜는 신자들이 하나님과의 관계를 새롭게 하고, 그들이 하나님의 자녀로서 살아가도록 인도한다. 신자들은 부활을 통해 하나님의 자녀로서의 정체성을 가지고서 그에 맞는 삶을 살아가야 한다.

⑤ 부활의 미래적 소망

일반 서신서에서 부활 신앙은 단지 현재의 삶에만 영향을 미치는 것이 아니라 미래의 영원한 소망과도 깊은 관련이 있다. 예수 그리스도의 부활은 신자들에게 부활 후의 영광스러운 미래를 약속하며, 죽음의 두려움을 이기게 하고, 궁극적인 승리와 구속을 소망하게 한다. "썩지 않고 더럽지 않고 쇠하지 아니하는 유업을 잇게 하시나니 곧 너희를 위하여 하늘에 간직하신 것이라 너희는 말세에 나타내기로 예비하신 구원을 얻기 위하여 믿음으로 말미암아 하나님의 능력으로 보호하심을 받았느니라"(벧전 1:4-5).

부활은 신자들에게 영원한 구원의 소망을 제공한다. 이는 단지 현재의 구속에 그치지 않고, 궁극적으로 예수 그리스도의 재림과 함께 영원한 삶을 누리게 될 소망을 가지게 한다. "능히 너희를 보호하사 거침이 없게 하시고 너희로 그 영광 앞에 흠이 없이 기쁨으로 서게 하실 이 곧 우리 구주 홀로 하나이신 하나님께 우리 주 예수 그리스도로 말미암아 영광과 위엄과 권력과 권세가 영원 전부터 이제와 영원토록 있을지어다 아멘"(유 1:24-25).

부활 신앙은 신자들에게 하나님의 영광 앞에 서는 날에 대한 소망을 준다. 부활의 확신은 신자들에게 죽음과 고통을 이기고 하나님의 영광 가운데 서게 될 미래에 대한 확신을 심어준다.

⑥ 부활 신앙의 역할

일반 서신서에서 부활 신앙은 예수 그리스도의 부활을 신자들의 구속, 새로운 삶, 그리고 궁극적인 소망과 연관지어 설명된다. 부활은 신자들에게 구원의 확증을 주고, 새로운 삶의 기초를 마련하며 미래의 영광스러운 소망을 약속하는 중요한 신앙의 중심이 된다. 또한 부활은 신자들의 삶을 변화시키는 원천으로, 성도들은 그리스도의 부활을 통해 하나님의 자녀로서 거룩한 삶을 살아가야 한다는 실천적 요구를 받는다. 이처럼 부활 신앙은 신자들의 신앙과 삶을 이끌어가는 중심이자 신학적 원리로서, 성경 전체에서 중요한 역할을 한다.

요한계시록에 나타난 부활 신앙과 그 신학적 의미

요한계시록은 신약성경의 마지막 책으로, 신자들에게 미래의 승리와 하나님의 영광을 약속하며 부활 신앙에 대한 중요한 통찰을 제공한다. 이 책은 예수 그리스도의 재림, 최후의 심판, 영원한 하나님의 나라를 다루고 있으며, 부활 신앙은 이 모든 교훈과 긴밀하게 연관된다. 요한계시록에서 부활은 단순한 신학적 교리가 아니라, 신자들이 처한 고난과 박해 가운데에서도 궁극적인 소망과 구속을 제공하는 중요한 신앙의 기초로 묘사된다.

① 부활과 최후의 심판

요한계시록에서 부활은 예수 그리스도의 승리를 나타내는 사건에 그치는 것이 아니라 모든 인류의 최후 심판과 연결된다. 인류는 그리스도의 재림과 심판의 날에 부활하여 하나님 앞에 서게 되며, 이에 따라 각자의 행위에 따라 심판을 받는다. 부활은 궁극적인 승리의 상징으로, 신자들에게는 구속의 완성이고, 악인들에게는 하나님의 공의의 실현을 의미한다.

"또 내가 보좌들을 보니 거기에 앉은 자들이 있어 심판하는 권세를 받았더라 또 내가 보니 예수를 증언함과 하나님의 말씀 때문에 목 베임을 당한 자들의 영혼들과 또 짐승과 그의 우상에게 경배하지 아니하고 그들의 이마와 손에 그의 표를 받지 아니한 자들이 살아서 그리스도와 더불어 천 년동안 왕 노릇 하니 … 이 첫째 부활에 참여하는 자들은 복이 있고 거룩하도다 둘째 사망이 그들을 다스리는 권세가 없고 도리어 그들이 하나님과 그리스도의 제사장이 되어 천 년동안 그리스도와 더불어 왕 노릇 하리라"(계 20:4-6). 이 구절은 예수님의 부활을 '첫째 부활'로 언급하며, 그리스도의 재림 후 신자들이 함께 살아서 천 년 동안 왕 노릇을 한다고 한다. 이는 신자들의 부활이 그리스도와의 영원한 통치와 연관되어 있음을 보여준다. 첫째 부활은 신자들에게 구원의 확증과 승리의 시작을 나타내며, 둘째 사망, 즉 영원한 멸망을 피할 수 있게 한다.

"또 내가 크고 흰 보좌와 그 위에 앉으신 이를 보니 땅과 하늘이 그 앞에서 피하여 간 데 없더라 또 내가 보니 죽은 자들이 큰 자나 작은 자나 그 보좌 앞에 서 있는데 책들이 펴 있고 또 다른 책이 펴졌으니 곧 생명책이라 죽은 자들이 자기 행위를 따라 책들에 기록된 대로 심판을 받으니"(계 20:11-12). 이 구절에서는 최후의 심판을 묘사하며, 모든 죽은 자들이 부활하여 하나님 앞에 서게 된다고 한다. 이 심판에서 구원받은 자는 생명의 책에 기록되어 영원한 생명을 얻게 되지만, 악인들은 심판을 받게 된다. 부활은 구속의 완성과 최후의 심판을 위한 출발점으로서 그 의미를 가진다.

② 부활과 영원한 생명

요한계시록에서 부활 신앙은 신자들에게 영원한 생명을 보장하는 사건으로 묘사된다. 예수 그리스도의 부활을 통해 신자들은 죽음을 이기고 새로운 생명에 참여하게 된다. 이 영원한 생명은 육체적인 부활뿐만 아니라 영적인 새 생명의 차원에서도 신자들에게 주어진다.

"또 내가 새 하늘과 새 땅을 보니 처음 하늘과 처음 땅이 없어졌고 바다도 다시 있지 않더라 또 내가 보매 거룩한 성 새 예루살렘이 하나님께로부터 하늘에서 내려오니 그 준비한 것이 신부가 남편을 위하여 단장한 것 같더라 내가 들으니 보좌에서 큰 음성이 나서 이르되 보라 하나님의 장막이 사람들과 함께 있으매 하나님이 그들과 함께 계시리니 그들은 하나님의 백성이 되고 하나님은 친히 그들과 함께 계셔서 모든 눈물을 그 눈에서 닦아 주시니 다시는 사망이 없고 애통하는 것이나 곡하는 것이나 아픈 것이 다시 있지 아니하리니 처음 것들이 다 지나갔음이러라"(계 21:1-4). 이 구절은 하나님이 새 하늘과 새 땅을 창조하셔서 신자들에게 영원한 생명과 영광스러운 삶을 약속하는 내용이다. 부활 신앙은 이 영원한 삶에 대한 소망과 기대를 담고 있으며, 신자들에게는 궁극적인 위로와 승리를 제공한다.

"또 그가 수정 같이 맑은 생명수의 강을 내게 보이니 하나님과 및 어린 양의 보좌로부터 나와서 길 가운데로 흐르더라 강 좌우에 생명나무가 있어 열두 가지 열매를 맺되 달마다 그 열매를 맺고 그 나무 잎사귀들은 만국을 치료하기 위하여 있더라 다시 저주가 없으며 하나님과 그 어린 양의 보좌가 그 가운데에 있으리니 그의 종들이 그를 섬기며 그의 얼굴을 볼 터이요 그의 이름도 그들의 이마에 있으리라 다시 밤이 없겠고 등불과 햇빛이 쓸 데 없으니 이는 주 하나님이 그들에게 비치심이라 그들이 세세토록 왕 노릇 하리로다"(계 22:1-5). 이 구절은 신자들이 부활 후에 하나님과 어린 양, 즉 예수 그리스도와 영원히 교제하는 모습을 묘사한다. 이는 부활 후에 신자들이 얻게 될 영원한 생명과 하나님과의 친밀한 교제를 강조하며, 부활이 궁극적인 구원과 영원한 삶으로 인도한다는 점을 분명히 한다.

③ 부활과 신자들의 승리

요한계시록은 또한 부활을 신자들의 최종적 승리의 상징으로 제시한다. 신자들은 고난과 박해 속에서도 부활의 소망을 가지고 살아가며, 최후의 날에 그리스도와 함께 영광스럽게 부활하여 승리의 삶을 누리게 된다. 부활은 신자들에게 죽음을 넘어서는 힘과 승리를 부여하며, 세상의 고난과 악을 이기는 능력을 제공한다.

"귀 있는 자는 성령이 교회들에게 하시는 말씀을 들을지어다 이기는 자는 둘째 사망의 해를 받지 아니하리라"(계 2:11). 이 구절은 신자들이 이기는 자로서 둘째 사망, 즉 영원한 멸망을 면하게 된다고 선언한다. 부활을 통해 죽음의 권세에서 벗어나 영원한 생명에 참여하는 신자들의 승리를 나타낸다.

"이기는 그에게는 내가 내 보좌에 함께 앉게 하여 주기를 내가 이기고 아버지 보좌에 함께 앉은 것과 같이 하리라"(계 3:21). 이 구절은 신자들이 그리스도의 부활에 참여하여 그와 함께 하나님의 왕국에서 왕 노릇을 하게 된다는 약속을 담고 있다. 부활을 통한 신자들의 승리는 생명에 대한 약속을 넘어 그리스도와 함께 영원한 왕국에 참여하는 영광을 포함한다.

④ 요한계시록의 부활 신앙

요한계시록에서 부활 신앙은 신자들에게 고난과 박해 속에서도 궁극적인 소망과 승리를 제공하는 중요한 신앙의 기초로 등장한다. 부활은 최후의 심판과 연결되어 모든 인류가 부활하여 하나님의 심판 앞에 서게 되며, 신자들은 그리스도와 함께 영원한 생명에 참여하는 소망을 갖게 된다. 또한 부활은 신자들에게 궁극적인 승리와 하나님과의 영원한 교제를 약속하며, 이 세상의 고난을 넘어설 수 있는 힘을 제공한다. 요한계시록은 부활 신앙을 통해 신자들에게 영원한 소망과 하나님의 승리를 고백하도록 이끈다.

이상과 같이, 부활에 관한 내용은 성경 안에서 구약부터 신약성경의 마지막까지 끊임없이 언급된다. 이런 말씀을 믿는 우리는 이제 곧 재림하실 주님을 기대해야 하리라!

에필로그

지금까지 부활 논쟁에 대하여 다루었다. 최대한 쉽게, 그리고 가능한 전체적으로 부활 논쟁의 역사와 그 내용을 다루려고 하였다. 이해하고 정리된 분도 있을 것이다. 그러나 여전히 부활에 관해 믿지 못하는 사람도 있을 것이다. 하지만, 자신이 부활을 믿지 못한다고 해서 부활이 없고 불가능한 것이라고 생각해서는 안 된다.

과학주의가 만연할 때, 사람들은 과학적으로 말하면 다 사실이고 문제가 없다고 보았다. 그러나 21세기가 된 오늘날에는 과학주의도 한계가 있음을 인정하고 있다. 그래서 칼

포퍼(Karl R. Popper)는 과학도 틀릴 수 있음을 인정해야 한다는 '가류주의'(fallibismus)를 주장했다. 특별히 하나님에 대해 잘 알지 못하는 인생이 하나님에 관해, 그리고 영원한 세상에 관해 논할 때는 조심해야 한다.

게르하르트 로핑크(Gerhard Lohfink)의 책『죽음 부활 영원한 생명 바로 알기』(Am Ende das Nichts?: Uber Auferstehung und Ewiges Leben)에는 흥미로운 에피소드가 소개된다.

한 사람이 눈먼 이에게 묻는다.

"우유 한 잔 할래?"

그러자 눈먼 이가 되묻는다.

"우유가 뭔지 설명해줘."

그런 뒤, 이런 대화가 이어진다.

한 사람: "우유는 하얀 액체야."

눈먼 이: "하얀 액체? 하얗다는 게 뭐야?"

한 사람: "음, 백조가 하얘."

눈먼 이: "백조? 그게 뭐야?"

한 사람: "긴 목을 가진 새야."

눈먼 이: "긴 목이 뭐야?"

한 사람: "내 팔을 구부려 볼 테니 만져 봐."

눈먼 이는 조심스럽게 손을 뻗어 팔을 만진 뒤 말한다.

"놀랍군! 이제야 우유가 뭔지 알겠어!"

이 이야기는 얼핏 우스꽝스러워 보이지만, 영적인 세계를 이해하려는 인간의 한계를 적나라하게 보여준다. 이성적이고 논리적인 설명만으로 영적인 진리를 파악할 수 있다고 믿는 것은 앞을 보지 못하는 자가 보이는 세상을 설명하려는 것과 같다. 그렇기에 우리는 때로 소경이 소경을 인도하는 상황을 목격하게 된다.

사람들은 논리적이고 이성적인 주장이 곧 진리라고 착각한다. 그러나 논리가 그럴듯하다고 해서 반드시 진실인 것은 아니다. 죽음과 부활에 대한 현대 사회의 인식도 이와 유사하다. 경험과 이성에 근거해, 죽음 이후에는 아무것도 없으며 부활 같은 것은 불가능하다고 단언하는 사람들이 있다. 그리고 그러한 주장을 무비판적으로 받아들이고 동조하는 이들까지 생긴다. 그 결과 눈먼 이처럼 더욱 확신을 갖고 자신만의 철학을 구축하며 떠들어댄다.

비슷한 사례로, 이제민은 『예수는 정말 부활했을까?』에서 함부르크의 '하머키르케 성당'의 이름의 유래에 대해 말한다. 어느 날부터 사람들이 이 성당을 '함머(Hammer) 성당'이라 부르기 시작했는데, 이는 어느 유명 작가가 기행문에서 성당 이름을 잘못 표기한 데서 비롯되었다. 사실 'Hamm'은 늪이나 강변 지대를 뜻하는 독일어 단어이다. 하지만 작가는 이를 'Hammer'(망치)로 오해했고, 이후 잘못된 이름이 널리 퍼지게 되었던 것이었다.

부활의 개념 또한 이와 같은 방식으로 와전된다. 어떤 철학자나 신학자가 잘못 해석한 개념이 검증 없이 반복되면서 사실처럼 굳어진다. 이미 철 지난 자유주의 신학이 마치 새로운 진리인 것처럼 유행하고, 이를 접한 사람들은 계몽된 듯 떠든다. 그러나 진리는 유행이나 논리만으로 결정되지 않는다. 진리를 찾기 위해서는 단순한 논리적 사고를 넘어 깊은 분별력과 열린 마음이 필요하다.

사람은 사람인지라, 너무 높은 주파수와 너무 낮은 주파수의 소리는 듣지 못한다. 사람은 사람인지라, 너무 가까이 있는 것이나 너무 멀리 있는 것은 보지 못한다. 사람은 사람인지라, 실제로 존재하는 공기도 눈에는 보이지 않기에 없는 것처럼 여긴다. 이런 존재가 신과 부활과 영원을 논하고, 스스로 결론을 내리고 사는 것만큼 어리석은 것이 없다.

그럼에도 불구하고, 부활 논쟁은 앞으로도 계속될 것이다. 앨빈 플랜팅가가 말했듯, 부활을 믿는 것도 믿음이 필요하지만, 부활을 믿지 않는 것도 상당한 믿음이 필요하다.

"나 자신은 부활을, 영원한 삶을 믿고 갈망하는가?"

이 책이 부활에 대해 의심하거나 궁금해하는 모든 이들에게, 부활 논쟁의 틈바구니에서 갈 길을 찾는 이들에게 도움이 되기를 바란다.

참고도서

- 팀 켈러, 윤종석 역, 『팀 켈러의 부활을 입다』, 서울: 두란노, 2021
- 노먼 앤더슨, 『부활의 증거』, 서울: IVP, 2023
- 제프 브래닌, 윤석인 역, 『ESBT 부활 성경신학』, 서울: 부흥과개혁사, 2023
- 폴 비슬리 머레이, 정옥배 역, 『부활(BST 시리즈)』, 서울: IVP, 2004
- 정명호, 『십자가와 부활의 복음』, 서울: 한국 NCD 미디어, 2024
- 옥성호, 『부활, 역사인가 믿음인가?』, 서울: 파람북, 2019
- 클라이드 L. 필킹턴 주니어, 이종수 역, 『죽은 자 가운데서 부활이란 무엇인가?』, 서울: 형제들의 집, 2023
- T. V. 무어, 채수범 역, 『예수님의 부활 후 40일간의 행적』, 서울: 나침반, 2000
- 강산, 『부활의 아침을 향하여』, 서울: 감은사, 2023
- 김균진, 『죽음과 부활의 신학』, 서울: 새물결플러스, 2015
- 리 스트로벨, 윤종석 역, 『리 스트로벨의 부활의 증거』, 서울: 두란노, 2012
- 톰 라이트, 박문재 역, 『하나님의 아들의 부활』, 서울: CH북스, 2005
- 폴라 구더, 이학영 역, 『부활의 의미』, 서울: 도서출판 학영, 2023
- 앤터니 플루, 게리 하버마스, 데이비드 바게트, 최효은 역, 『부활 논쟁』, 서울: IVP, 2012
- 존 도미닉 크로산 & 톰 라이트, 김귀탁 역, 『예수 부활 논쟁』, 서울: 새물결플러스, 2018
- 김집, 『예수, 부활의 진실』, 서울: 손안에책, 2018

- 맥스 루케이도, 박상은 역,『부활의 주와 함께 살라』, 서울: 생명의말씀사, 2020
- 게르하르트 로핑크, 김혁태 역,『죽음 부활 영원한 생명 바로 알기』, 서울: 생활성서, 2022
- 권해생,『빈 무덤 사건』, 서울: 두란노, 2022
- 마이클 R. 리코나, 김광남 역,『예수의 부활』, 서울: 새물결플러스, 2019
- 이제민,『예수는 정말 부활했을까?』, 서울: 바오로딸, 2003
- 유동식,『내가 믿는 부활』, 서광선 외 8인, 서울: 2012
- 김홍전,『부활의 참뜻』, 서울: 성약출판사, 2007
- 미체 체이스, 윤석인 역,『SSBT 부활의 소망과 죽음의 죽음』, 서울: 부흥과개혁사, 2023
- 서울솔로몬학교 성경연수원,『부활과 심판』, 서울: 서울솔로몬학교 성경연수원, 2021
- 조셉 플레브닉, 김병모 역,『최근 바울과 종말론 연구 동향』, 서울: CLC, 2011
- 사무엘레 바키오키, 장병호 역,『부활 신학』, 서울: 기독교리서치연구소, 2014
- 리디야 노바코비치, 이승호 역,『예수의 부활』, 서울: CLC, 2021
- 안토니 A. 후크마, 이용중 역,『개혁주의 종말론』, 서울: 기독교문서선교회, 2002
- 게하더스 보스, 박규태 역,『바울의 종말론』, 서울: 좋은씨앗, 2015